现代政治治理技术丛书
The Techniques of
Modern Political Governance

主　编　张小劲
副主编　景跃进　谈火生

协商民主的技术

The Techniques of Deliberative Democracy

谈火生　霍伟岸　何包钢
❖
著

社会科学文献出版社
SOCIAL SCIENCES ACADEMIC PRESS (CHINA)

编委会

"现代政治治理技术丛书"总序

张小劲

党的十八大报告明确提出要积极稳妥地推进政治体制改革，发展更加广泛、更加充分、更加健全的人民民主。十八届三中全会启动"全面深化改革"，以"巩固和完善中国特色社会主义制度，推进国家治理体系和治理能力现代化"为总目标，要在国家治理、政府治理和社会治理的各个层次和各个方面，健全制度建设，提高治理水平，提升治理能力。

"推进国家治理体系和治理能力现代化"，既向我们提出了一个崭新的理论命题，也为我们开放了一个开阔的思考空间。显然，加强制度建设，实现治理的科学化和规范化将是今后一个时期党和国家的重要任务和目标。这意味着，加强对现代政治治理技术的研究已成为当务之急。

在这里，"治理"显然有着特定的内涵和指向：相对于传统的"统治"，治理所强调的是具有现代民主内涵和参与特征的善治良政；相对于一般的"管理"，治理所强调的是具有人性关怀和互动建构的公行良序。从历史的角度来看，治理是一个从古到今、从西方到东方都普遍存在的政治现象，因而治理又具有因应于历史情境的结构性维度，不同时期的治理有着不同的内涵侧重和价值嵌入。在现代社会，经济快速发展，人们的教育程度大幅提升，科技条件极大改善，日常闲暇时间明显增多，从而不仅增加了现代人参与政治的机会，而且提升了他们参与政治的能力；与此同时，国家公共政策向社会各个领域的渗透性，以及由此对个人生活的广泛影响，强化了人们参与政治的动机。因此，现代国家要实现有效的治理，必须回应民众民主参与的诉求，在追求民主与法治的同时，大力提升治理的质量。其中，关键的一个要素就是治理技术，政治程序的理性化设计、国家能力建设和社会参与能力培养等，这些都是世界各国在治理过程中普遍面临的技术性问题。

这也提示了治理技术的根本属性问题。在现代社会，治理技术并非统治术的别称。治理技术是现代治理所使用的工具、方法和行动方案的统称，它有特定的价值关怀，也有特定的制度指向。从研究领域来讲，治理技术与理论研究、经验研究并立，有着特定的偏好和研究重心；在具体的研究对象上，治理技术研究特别关注联结国家与社会、政府官员与普通公众的技术和方法，关注能够完善和健全国家治理体系的路径和计划，关注可以改善和提高政府治理水平的实务知识和行动方案，关注适应中国国情的社会治理手段和成功经验。

在规范的意义上讲，政治学知识在结构上可以分为相互交叠却又有所不同的三个空间，就是理论的空间、经验的空间与技术的空间。其中，理论空间是指政治学在最宏观、最抽象的层次上对政治进行思考而形成的观念、价值和理论，它为当代政治生活提供了丰富的政治想象力和政治蓝图；经验空间是指政治学以跨越时代和地域的方式汇集的极其丰富的政治生活经验，它为当代政治生活提供了几乎是取之不尽的政治智慧和政治艺术；技术空间是指政治学在最为具体、最具应用性的层次上积淀的许多有关制度安排、实践技能和操作性的知识，它为当代政治生活提供了各种具体的行动方案和操作指南。

对于复兴未久而于当下备感压力的中国政治学而言，专注于理论空间的学者固然不少，着眼于经验空间的学者更是众多，唯独专长于技术空间的学者不仅稀缺，而且其专长之所得亦少见于媒体和图书。考量当代中国的政治生活，可以发现，技术空间的政治学知识正是当下的中国最为缺乏的，因而也是最有需求的知识类型。上至政府官员下至黎民百姓，从掌握着话语权的媒体记者到只能在微博发声的公众，对于问题的认知远多于对解决问题之出路的思考，参与政治议论的热情远高于参与政改实践的欲望，于是，空谈者众而设计者寡，议论者多而实践者少；想法总是缺少办法的支撑，因而想法常常陷于空想乃至流于玄想！在目前的治理研究中，决策者的实践与知识界的研究也往往呈现严重脱节的状态；空泛的概念和理论层出不穷，但在解释现实治理难题和应对现实治理挑战上乏善可陈；田野调查式的案例研究不可谓不多，但对于提供普遍性的政策解决方案而言却裨益不大；反过来，在治理技术层面已经形成的研究成果却又鲜少应用于相关的实践领域。

这种状况显然不能适应"国家治理体系和治理能力现代化"的需求，也无力应对"全面深化改革"所提出的要求。为此，本系列丛书有意组织一批志同道合的政治科学研究者，从具体的制度安排和操作技术着手，总结本土乃至世界各国的政治治理经验，力求为中国的治理现代化提供知识上可靠、技术上可行的行动方案，为当下及未来的政治实践供给可以操作的技术导览，向国际社会介绍中国政治治理技术发展的现状、经验与前景。

2014 年 5 月

目 录
CONTENTS

第一部分　理　论

　　党的十八大报告明确提出"健全社会主义协商民主制度"，并将其作为坚持走中国特色社会主义政治发展道路和推进政治体制改革的重要组成部分。十八届三中全会进一步指出，要"推进协商民主广泛多层制度化发展"。然而，就在几年前，国内还很少有人知道协商民主这个新词。那么，协商民主到底是什么？为什么它能在短短十年间由无人知晓到写入党的十八大报告？它和其他的民主形式之间有何差别，尤其是，它是如何具体操作的呢？

第二部分 案 例

　　我们选取了六个典型案例，以展示在不同场景下，针对不同的议题，协商民主究竟是如何具体运作的。世界各地的协商民主实践表明，协商民主不仅有助于改善高层政治的质量，提高政策的合法性，而且可以改善基层治理的质量，提高社会自我组织和自我治理的能力，是基层官员化解社会矛盾、维护社会稳定的一种新的思路和方向。

前　言

2010 年两会期间，中央电视台新闻频道以"协商民主　在生动实践中美丽绽放"为题，对协商民主在中国政治生活的现实场景作了简短评论。这反映出协商民主不仅为基层民众所接受，而且也为高层所接受。2012 年，党的十八大报告明确提出"健全社会主义协商民主制度"，并将其作为坚持走中国特色社会主义政治发展道路和推进政治体制改革的重要组成部分。中国共产党十八届三中全会通过的《中共中央关于全面深化改革若干重大问题的决定》进一步指出，协商民主是我国社会主义民主政治的特有形式和独特优势，是党的群众路线在政治领域的重要体现，要推进协商民主广泛多层制度化发展，构建程序合理、环节完整的协商民主体系。

然而，就在几年前，国内还很少有人知道协商民主是什么。尽管民主早在 100 年前即传入中国，各种民主理论也都在中国的知识界和媒体上你方唱罢我登台，但还没有哪种民主理论在中国曾受到如此追捧，不仅在学界一时成为口头禅，在政界也成为很多官员们的流行语。据笔者 2013 年 10 月 18 日在中国知网的中国

学术文献网络出版总库上检索，从 2004 年 1 月 1 日到 2013 年 10
月 18 日，在学术期刊中，标题中含有"协商民主"或"协商式民
主"的文章达到 1315 篇。这是一个很惊人的数字，如果我们将其
与学界对其他类型民主理论的介绍作一个对比，就可以体会到其
惊人的程度（见下图）。

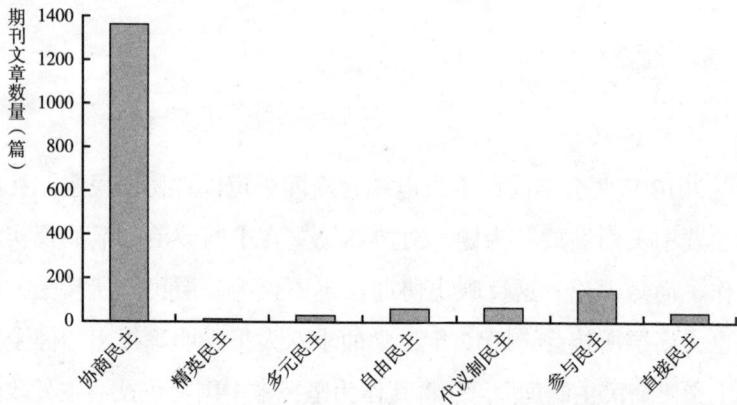

中国学术文献网络出版总库收录的与民主理论相关的文章

（2004 年 1 月 1 日 ~2013 年 10 月 18 日）

说明：2013 年 10 月 18 日在中国学术文献网络出版总库中检索，检索位置均为文
章标题。

在过去十年中学界对其他各种民主理论的介绍，其总量（370
篇）只有对协商民主理论进行介绍的文章的 28%，仅略高于 2013
年 1~10 月标题中含有"协商民主"的文章（308 篇）。

那么，协商民主到底是什么？为什么它能在短短十年间由无

人知晓到写入党的十八大报告？它和其他的民主形式之间有何差别，尤其是，它是如何具体操作的呢？这是我们这本小册子试图回答的问题。本书的内容分为两个部分：

1. 理论部分。在这一部分，我们首先会简单介绍协商民主的基本理念，然后重点介绍协商民主的四种主要实践形态，以及具体的操作方式。具体的操作技术是这一部分的重点。

2. 案例部分。在这一部分，我们选取了六个典型案例，以展示在不同场景下，针对不同的议题，协商民主究竟是如何具体运作的。

案例的选择主要考虑如下两个维度：一是协商民主发生的领域，即国家、国家与社会互动和公民社会；二是协商民主所讨论的议题类型，即国家的基本制度、法律与公共政策，以及具体的社会问题。在两个维度的基础上，案例的选择还兼顾了中外平衡的原则，在六个案例中，中国的案例和外国的案例各占一半。同时，我们还特地选了一个超国家层次的案例——欧洲社会论坛，这样，从案例的层级上讲，从最基层的村（广东惠州某区 A 村），到省（加拿大不列颠哥伦比亚省、中国的台湾地区）、国家（中国人民政治协商会议、美国联邦参议院），再到超国家层次（欧洲社会论坛），均有介绍。

	基本制度	法律和公共政策	具体社会问题
国家	中国人民政治协商会议《共同纲领》的制定过程	美国联邦参议院航道使用费法案的立法过程	
国家与社会互动	加拿大不列颠哥伦比亚省关于选举制度改革的公民会议	中国台湾地区全民健保公民会议	广东惠州外嫁女上访问题协商民主恳谈会
公民社会	欧洲社会论坛		

第一部分　理　论

　　党的十八大报告明确提出"健全社会主义协商民主制度"，并将其作为坚持走中国特色社会主义政治发展道路和推进政治体制改革的重要组成部分。十八届三中全会进一步指出，要"推进协商民主广泛多层制度化发展"。然而，就在几年前，国内还很少有人知道协商民主这个新词。那么，协商民主到底是什么？为什么它能在短短十年间由无人知晓到写入党的十八大报告？它和其他的民主形式之间有何差别，尤其是，它是如何具体操作的呢？

第一章
什么是协商民主？

本章阅读重点

★ 协商民主理论是在什么样的背景下产生的？

★ 协商民主与其他民主形式相比有何特点？

★ 是不是所有的政策议题都需要通过民主协商的方式来进行决策？

一 协商民主的产生背景

协商民主是一种比较新的民主形式，就产生背景而言，协商民主理论是在 20 世纪 80 年代末期开始兴起的，但是，它真正引起学界比较充分的关注和热烈的讨论则是到了 20 世纪 90 年代中期。该理论的兴起与以往的政治思想和政治哲学的兴起有一个不同的地方，以往的政治思潮或重大的政治流派的形成，可能更多的是先由某一个著名的思想家提出某种原创性的观点，然后引起其他学者的关注。而协商民主理论兴起的特别之处在于，最开始提出协商民主想法的都是一些没太大名气的人。约瑟夫·贝赛特（Joseph M. Bessette）在 1980 年写了一篇文章叫《协商民主：共和政府的多数原则》，西方学者公认为他是最早提出协商民主这一说法的学者，但他并没有什么名气。[1] 到 80 年代末有两位学者论述了协商民主理论的问题，一是法国学者贝尔纳·马南（Bernard Manin）在 1987 年写了《论合法性与政治协商》，二是罗尔斯的学生乔舒亚·科恩（Joshua Cohen）在 1989 年发表的《协商与民主合法性》。这两篇文章在协商民主理论的发展过程中属于奠基性的文章。[2] 但到这个时期为止，西方学界对协商民主理论进行探讨的人很少，当时的学术期刊上很少见与此相关的文章。这个问题真正得到讨论是哈贝马斯在 1992 年出版《在事实与规范之间》以后，有很多学者开始关注该问题。但相对而言，人还是比较少。到 1996 年这部著作被译成英文版后，学术界对该问题的关注达到了热议的程度。[3] 到 21 世纪以后，有人形容对协商民主的研究几乎形成了一个产业。但是国内对该问题的关注则比较晚，差不多比西方晚了近十年的时间。国内最早关注协商民主理论的是台湾学者，他们从 2000 年开始写这方面的文章，对该理论进行介绍。到 2003 年时，内地学者开始译介相关文章，并出版了一本文集。[4] 随后，在中央编译局的推动下，协商民主的理论文献被比较系统地翻译过来。

那么，该理论为何会在这时出现呢？笔者想用一幅图来对其产生的背景进行简要的阐述。

---

[1] 此文见陈家刚主编《协商民主与政治发展》，社会科学文献出版社，2011。
[2] 二文均见谈火生主编《审议民主》，江苏人民出版社，2007。
[3] 尤根·哈贝马斯：《在事实与规范之间》，童世骏译，三联书店，2003。
[4] 陈家刚编《协商民主》，上海三联书店，2004。

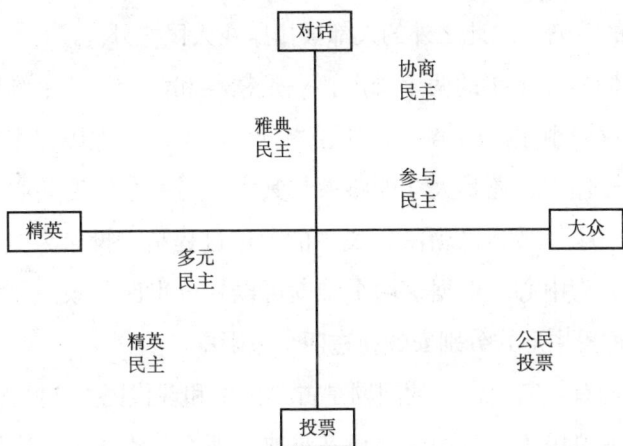

图 1-1　民主的类型

图 1-1 主要涉及两个维度，一是对话和投票，一是精英和大众。我们知道民主（democracy）这个词由两部分组成，demo 表示大众、人民的意思，后面的 cracy 表示统治的意思，民主的基本含义也就是人民统治。赫尔德在《民主的模式》这本书中特别讲到，整个民主理论的发展，就是围绕着人民和统治这两个词展开的。谁是人民？怎么统治？这是民主理论的两个核心问题。人民是包容性的还是排斥性的，这其中差别很大。从历史上看，在古希腊时期，其"人民"是一个排斥性的人民观念，只有具有公民身份的男性才包括在人民之中，奴隶和妇女均被排斥在外。到了现代，人民逐渐变成了一个包容性的人民观念，过去基于财产、性别、肤色等标准确立起来的种种限制性条件被逐一取消。但这个包容性的人民观念经历了很长时间的发展演变才逐渐确立起来。即便在通常被当作现代民主典范的英国和美国，妇女直到 1918 年以后才获得普选权。在我国，新中国成立后"人民"这个词的具体所指变化也很大，而且很多时候受政治因素的影响非常大。如在改革开放之前，甚至在改革开放初期，只有工人阶级和农民阶级属

于人民的范畴，除此之外的人都被排斥在人民之外。

我们看图1-1的两个维度，一是精英和大众，这个维度关心的就是我们刚才说的第一个问题，"谁是人民"，即民主主要是由精英来操作呢，还是大众能够参与其中？另一个维度关心的是后面一个问题，"如何统治"，民主的治理过程是以投票为中心，还是以对话为中心？根据这两个维度可以划分出四个象限，我们可以将各种民主形式分别安顿在这四个象限中。

我们首先需要讨论的问题是古典民主和现代民主之间的差别。一说到古典民主，我们就会想到雅典，那么，雅典民主应该落在哪个象限？笔者将其放在第二象限，即"精英—对话"这个象限。因为雅典的民主是一种排斥性非常强的治理形式，只有具有公民身份的人才能参与到政治生活中，而公民仅占整个雅典人口的六分之一左右，其他人都被排斥在政治生活之外。换句话说，在雅典的民主政治中，其实是精英的统治，大部分人是进入不了政治生活的。但是，在其公民内部则是完全平等的，每个公民都可以参与到政治生活中，且参与的方式是以对话为中心的，而不是以投票作为主要的方式。这种民主与我们今天对民主的理解差异是非常大的，现代民主将参与的范围扩展到普通民众，用托克维尔的话来说就是，欧洲过去几百年的历史就是朝着平等不断迈进的历史。过去只有很少一部分精英所掌握的政治权利，逐渐落实到所有公民，使民主不断朝着大众的方向发展。同时，从治理的形式来讲，希腊人认为民主必须是公民亲自参与到政治生活中，而现代民主则是以代议制为基本的制度构架。假如一个现代人"穿越"到古代的雅典，当他看到六分之五的人被排除在政治生活之外，他一定会说雅典是非常不民主的；但假如一个雅典人"穿越"到今天的美国，看到美国的代议制民主，他也一定会说美国是非常不民主的,因为普通公民被排除在决策过程之外。

以熊彼特为代表的精英民主可以说是现代民主的一个典型形态,熊彼特在《资本主义、社会主义与民主》这本书中对古典民主提出了非常严厉的批评,他认为人民直接统治的想法是完全错误的,其中一个最主要的原因是,他认为人民根本就没有能力进行统治,因为人民常常听从非理性的指导,而不是理性的指导,真正具备理性统治能力的是少数精英。所以,人民应该将权力交给少数精英,让他们来进行统治。这是不是说把人民完全排斥在民主过程之外呢?也不是的。他说人民能够参与的其实就是投票,人民所发挥的作用就是通过投票产生出统治者,然后由这个统治者来统治。如果干得好,下次投票继续选他,如果不好的话,下次投票就将其换下。民主其实就是通过投票这个机制来选择统治者的过程。[①] 当然,对投票和选举是有一定要求的。首先,选举必须是竞争性的,候选人不能只有一个,否则投票就没有意义了。其次,要保证选举是有效的,民众要有充分选择的自由,这就要求民众必须能够获得充分的信息,并在没有胁迫的情况下自由地进行投票。这是精英民主理论的一个基本设想,尽管该设想发展到后面遭到了很多批评。但是,由于它具有很强的操作性,我们今天在衡量一个国家是否民主时,基本上还是按照精英民主的这些设想来设定标准。精英民主也可以被称为最小化的民主概念,也就是说,作为一个民主的制度所必须满足的最低要求。

精英民主理论是 1942 年提出的,一直到 20 世纪 60 年代它都处于统治地位。但此后,有人开始反对精英民主理论的看法,认为它忽视了民主过程中的很多重要因素,其中一个非常重要的因

---

① 约瑟夫·熊彼特:《资本主义、社会主义与民主》,吴良健译,商务印书馆,2002。

素就是社会团体。我们知道，在精英民主理论的构想中，是没有社会团体的位置的，就是公民个体通过投票选出一批统治者，这跟社会团体没有关系。后来的早期多元主义者认为，精英民主理论的政治构想太过简单，整个政治的运作不是人民投票选出统治者所能概括的，统治者选出以后，不同的社会团体对政治运作的影响是非常大的。因此，他们认为应该在民主过程中加入社会团体这个中间变量，要让政党、利益集团能自由地向政府表达他们所代表的人民之意见，并且确保政府对此意见有所回应。这就是多元民主理论。严格来讲，多元主义民主理论并没有否定精英民主理论的基本逻辑，也就是政治的运作应该掌握在精英手中，只不过它认为精英不能仅仅局限于政治精英，还应该包括各种社会精英。当然，早期的多元论者对于多头政治（polyarchy）的设想也还是比较理想化的，他们认为所有的社会团体都有同等的接近权力的机会，因此，它们对政府的决策具有同等的影响力。他们继承了麦迪逊的看法，认为一个社会中存在的社会团体数量越多，这个社会就越能较好地实现民主的治理。因为它们之间可以相互牵制，并达到一种均衡状态。①

后来，多元主义的代表人物罗伯特·达尔自己也发现这样的设想存在问题，在1985年写了一本新书《经济民主导论》，将其在60年代提出的关于民主的设想完全推翻了。他以美国的一个州的研究为例，发现在现实的政治运作过程中，不同的社会团体对政治的影响力之间的差别是非常大的。例如，那些军火商和商业巨头完全可以操控政治的运作过程，而一些小的团体在政治过程中的影响力则非常弱，它们根本没有管道或资源参与公共事务，

---

① 达尔：《民主理论的前言》，顾昕、朱丹译，三联书店，1999。

连最起码的政治动员能力都没有，对公共政策当然也谈不上有什么影响。因此，他强调应该通过一些制度设计鼓励更多的个人和团体参加到政治生活中来，这样就逐渐地接近一种参与民主理论的政治构想了。[①]

在 20 世纪 60~70 年代，西方发达国家普遍出现了投票率下降的趋势。在 70 年代初，科塞等人曾写过一本书叫《民主的危机》，对这一现象忧心忡忡。但不同的人对这个问题的解读却有不同，精英民主理论认为，人们不去投票是好事情，因为民众不具备相应的能力，因此一定的政治冷漠对政治运作而言是必要的。但参与民主理论则对精英民主理论的这些基本前提进行批评，认为精英民主理论所说的民众的非理性和政治冷漠是由于我们现有的制度本身所造成的。其实民众是有理性能力的，而且也是有参与热情的。他们之所以非理性和政治冷漠，主要是由于他们没有机会参与政治，一旦给予他们机会，他们的理性能力就能够得到锻炼，而且其政治热情会被激发出来。所以，参与民主理论认为，应该鼓励民众参与，而不是把他们排斥在政治生活之外，让其仅限于投票。[②]

其实就协商民主理论而言，它与参与民主理论共享着很多基本的前提。它与参与民主理论的主要差别在于：参与民主理论更多的是强调参与的范围不断扩大，不断地拓宽参与渠道、创造新的参与形式，让更多的人参与到民主过程中来；协商民主理论则是在参与民主理论的基础上，更加强调参与质量的提高。所以，

[①] Robert A. Dahl, *A Preface to Economic Democracy*, Berkeley: University of California Press, 1985.

[②] 相关论述可以参考卡罗尔·佩特曼《参与和民主理论》，陈尧译，上海人民出版社，2006；本杰明·巴伯：《强势民主》，彭斌译，吉林人民出版社，2006。

我们必须将协商民主理论放在 20 世纪民主理论的发展脉络中，才能看到其意义所在。从实践上来讲，多元文化主义及公众对公共生活的热情，成为协商民主兴起背后的文化力量，急剧的全球化和民族国家内部日趋异质的族群，迫使企业、政府机关、社区增进对于文化差异的认知，正视差异，而不是忽略或否定差异，这才是正确的态度，对话和协商是放下、欣赏并运用差异，以达成集体决策的好方法。[①]

图 1-1 的右下角还有一种民主形式——公民投票，国家的各项重要事务必须通过全民公决的方式来决定。现代国家中运用该民主形式最典型的是瑞士，瑞士只有 600 万人口，众多的公共事务都是通过公民投票的方式来确定。和其他的民主形式相比，公民投票的参与范围是最广的，它主要是通过投票来表达政治偏好，这与协商民主不同，协商民主的参与范围尽管没有公民投票广，但它的整个参与机制是通过对话的方式来完成的，它不强调投票，而是强调投票之前的对话。它最核心的思想是通过对话达成共识，如果共识能够达成，自然就不用再投票了。但如果通过对话没达成共识，还是需要通过投票来作出决定。当然，此时的投票与没有经过对话的投票是不同的。

二　协商民主的基本理念

在对协商民主的基本理念进行阐释之前，我们先来了解一下协商民主（deliberative democracy）一词本身的含义。该词被引进国内后，大概有七八种译法，最常用的译法是协商民主，此外

---

① 约翰·盖斯提尔、彼得·列文：《审议民主指南——21 世纪公民参与的有效策略》，刘介修、陈逸玲译，群学出版有限公司（台北），2012，第 66 页。

还有审议民主、商议民主、慎议民主、慎辩熟虑的民主等。[1] 这个词由两部分组成，关键在前面这一部分：协商。协商（动词 deliberate，名词 deliberation，形容词 deliberative）本身包含两层含义：一是审慎的反思，即个体自身对问题进行审慎的思考。像卢梭就持这种观点，他特别强调每个个体在投票之前要有审慎的思考。二是个体之间就所关心的议题进行理性的讨论。这两层含义之间是有关联的，理性的讨论是建立在审慎的思考基础上的。反过来，经过理性的讨论又会促使你对该问题进行反思，让你有可能改变对该问题的最初看法。

有意思的是，deliberative 和 democracy 这两个词之间是有矛盾的。前文提到，精英民主理论认为大众是非理性的，不具有理性思考的能力。实际上，这种看法是一直都有的，不是到精英民主理论被提出时才有的，而是自古典时期就存在。如雅典实行的就是精英民主，它之所以认为只有男性公民才能参与到政治生活中来，而奴隶、妇女、儿童，甚至工匠等不能参与，原因是只有公民具备完全的理性，而后者不具备理性或所具有的理性是不完备的。例如，亚里士多德就认为妇女具有不完备的理性，奴隶虽然不具有理性，但有服从理性指导的能力。可见，在他看来，具备审慎思考和理性讨论能力的人只是一小部分人。不仅在古典时期的思想家看来，deliberative 和 democracy 之间存在冲突，就是在 19 世纪的思想家约翰·密尔看来，将这两个词放在一块也是不能理解的。因为前者（deliberative）只有精英才具备，大众是没有的，怎么能与民主（democracy）放在一起呢。将 deliberative 和 democracy 这两个词放在一起，确实是 20 世纪

---

[1] 谈火生：《民主审议与政治合法性》，法律出版社，2007，第 4 页，注释 7。

晚期的发明。① 在此还需明确一点，在协商民主理论初创之时，并未想着将协商民主的范围扩展到大众，像早期的倡导者贝塞特就是围绕着美国联邦政体的正式体制来讨论协商民主的，而协商民主理论的重要代表人物罗尔斯在《政治自由主义》中也是将美国联邦最高法院作为一个民主协商的原型。换句话说，民主协商还是局限在政治机构内部的精英之间，并没有想着要普及到普通大众身上。将协商的理想从精英扩展到大众，这个变化是在哈贝马斯的书出来之后发生的。自此以后，大家讨论协商民主时都将其理解为普通大众参与到整个协商过程中来，因此，现在所谓的协商民主通常是指大众型协商民主而非精英型协商民主。

下面，我们来考察协商民主的核心理念。对此，我想主要围绕古特曼关于协商民主的定义来展开。古特曼（Amy Gutmann）在《协商民主意味着什么？》这篇文章中，对协商民主理论作了清晰的阐释。她认为，我们可以将协商民主界定为这样一种治理形式：自由而平等的公民（及其代表）通过相互陈述理由的过程来证明决策的正当性，这些理由必须是相互之间可以理解并接受的，协商的目标是作出决策，这些决策在当前对所有公民都具有约束力，但它又是开放的，随时准备迎接未来的挑战。② 这个定义涵盖了协商民主理论的三个核心内容——协商的主体、协商的方式和协商的目标。

第一，就主体而言，协商民主体现了其民主的一面，协商民主强调所有受到公共政策影响的公民都有权参与到讨论中来。与精英民主所构想的"消极公民"形象不同，它继承了参与民主所

---

① 约·埃尔斯特：《协商民主：挑战与反思》，周艳辉译，中央编译出版社，2009，导言。

② 此文见谈火生主编《审议民主》，江苏人民出版社，2007。

提倡的"积极公民"理念。就此而言，我们首先需要注意的是，此处所谓"受到公共政策影响的公民"，既包括本国的公民，也包括道德意义上的选民。"道德意义上的选民"这个词是古特曼自己发明的，意思是这些人尽管不是某国的公民，但是，如果该国所制定的公共政策对他们的权利构成了影响的话，他们也有权参与到讨论中来。例如，2011年法国轰炸利比亚，从理论上讲，法国公共政策的制定只需要对法国人负责。但古德曼认为这是不够的，因为法国出台的这项政策不仅影响到法国公民，更会影响到利比亚人民。在这个意义上讲，利比亚人民就是道德意义上的选民，他们有权参与到法国关于轰炸利比亚政策的讨论中。但实际上法国政府关于轰炸利比亚的决策过程连法国人能参与的都非常少，更不用说利比亚人民了。从协商民主的角度观察，这项政策是不合法的。因为该政策并没有得到受其影响的民众的认可。但是，站在精英民主的角度观察，该政策则是合法的，因为法国人民已经通过投票的方式选择出政府，在这段时间已经把决策权交给政府，政府有权作出决策。在协商民主看来，所有受到公共政策影响的人都应该参与到公共政策的讨论中，可见它是一个包容性的概念。从这个意义上来讲，它体现了民主的维度，民主体现在其参与主体的包容性，以及与之相关的政策过程的包容性，这意味着政策过程不仅应该向所有受该政策影响的公民主体开放，而且应该对不同的立场、视角和协商形式开放。也就是说，不仅理性的声音能有机会得到呈现，那些不是以理性的形式表达的声音（如寒暄、修辞、讲故事）也应该有机会让人们听到，这样的包容性是保障那些少数群体和边缘群体能够有效介入协商的必要条件。

同时，这里的公民是自由而平等的公民。我们知道这个目标是非常难实现的。即便是现在世界上号称最民主的国家美国，也是最近几十年才实现了所谓的平等。众所周知，美国宪法中曾公开规定，黑人只能算作是五分之三个公民。即便在法律上实现了人人权利平等，在实践中也需要做很多的努力才能将其落到实处。美国在南北战争后，通过宪法修正案的形式赋予黑人以平等的政治权利，但是从 1865 年到 1965 年这一百年的时间中，黑人并没有真正实现宪法所允诺的平等，直到民权运动之后这种情况才得到了实质性的扭转。可见，从宪法上的平等到实际的平等之间还有很长的路要走，还需要付出很大的努力。因此，协商民主尽管对以代议制为基础的精英民主有很强烈的批评，但是在这个问题上，它与精英民主分享着共同的理念，即公民应该具备平等而自由的身份。所以，保障公民自由平等权利的宪政制度无论对于协商民主还是精英民主而言都是非常重要的。

第二，从参与的方式而言，协商民主体现了协商的一面。协商民主特别强调要通过相互阐述理由的方式进行论证，换句话说，它是通过讲理的方式证成公共政策的合法性。通俗地说就是，我们必须对公共政策"给个说法"，必须公开地说明、解释，提出充分的理由来说明其合理性，才能"获得人民的同意"。在此可以看出协商民主关于政治的想象与以投票为中心的民主理论之间的差别，其中最主要的差别就是它们对于偏好（preference）的看法。

投票包括两种形态，一是对人进行投票，如选举议员或总统；一是对事进行投票，如应将核电站建在什么地方，拨多少资金建核电站，也就是对政策进行投票。协商民主与以投票为中心的民主的差别主要体现在以下四个方面。

其一是民主意志的形成过程。通俗地讲就是公共政策的制定过程，因为所谓公共政策就是人民意志的体现。从投票民主的角度来看，公共政策就是通过投票的方式形成的，但协商民主则更注重讨论,它强调所谓的更佳论证的力量(the force of better argument)。比如说,我们需要对三个政策选项作出决定,就要求每个人给出合理的理由,然后比较,看哪个人给出的理由更有道理。它是比较级而不是最高级,这也就意味着它是目前我们所找到的理由中更有说服力的理由,但并非是颠扑不破的真理。可见它对未来是持一种开放的态度,随时准备接受未来的挑战。如果以后有更好的理由,就会将之前这个更佳的理由推翻。

其二是投票机制的不同。在以投票为中心的民主中,投票机制的任务是对偏好进行聚合、加总(aggregation),对不同公共政策的投票进行加总,看哪个公共政策所得的票数多。而协商民主则对这种完全依据偏好聚合的方式提出了质疑,因为这个偏好可能是非理性的,因此,协商民主强调对偏好进行反思,办法就是讨论。在讨论的过程中,人们会对自己原有的偏好进行思考。比如,吸烟是一个人的偏好,但是这种偏好对健康是不利的。确实,很多时候人们在选择公共政策时,并不是根据自己的理性,而是受自己的情绪、冲动所支配,这在我们日常生活中是很常见的。因此,协商民主认为,如果在作出决策的时候不对偏好本身进行反思,只是简单地对其进行加总的话,即便一项公共政策得到了百分之九十九的人同意,它也可能与共同体的公共利益背道而驰。为此,协商民主强调在投票之前应对偏好本身进行反思。在这样的前提下,协商民主对投票本身的看法也不同于聚合式民主,协商民主中的投票被视为理性判断基础上的投票(judgment-voting),而不是偏好基础上的投票(preference-voting)。

其三是对偏好性质的理解不同。以投票为中心的民主认为,偏好是给定的、不变的。而协商民主认为这个偏好是可以通过讨论和反思来加以改变的。当然,以投票为中心的民主必须假定公民在单次的投票过程中偏好是不能变的，因为在投票过程中如果大家的偏好随时可以改变的话，最后的结果是无法合成的。为此，它必须假定在单次投票过程中每个公民的偏好是给定的，但并不是说你的想法永远不变，只是说在投票的这个过程中你的想法是不变的。而协商民主则认为每个人的偏好在决策过程中都是可以通过相互的辩论来加以改变的。如我们随后要讲到的协商性民意调查就是如此，协商性民意调查在进行讨论之前会发一个问卷看看被调查者的偏好是什么。在讨论完之后，同样的问卷还会再做一次，看看大家的偏好到底有没有发生改变。而实验的结果是，大多数人的偏好在讨论之后都或多或少地发生了改变，看来讨论确实是有作用的。

其四是决策判断的标准不同。以投票为中心的民主是以数量为标准来判断的，以多数决定的方式，谁的票数多就按谁的办。但是，协商民主则是以论证的质量来决定的，谁说的对就按谁的办，或者说谁能说服大多数人相信他是对的就按谁的办。

协商民主不仅强调要以相互讲理的方式进行民主决策，而且，还强调这个理由必须是相互之间可以理解并可以接受的。这个理由不仅是一个大家都懂的理由，而且必须是一个公共的理由，大家都能接受的理由。不能因为这个政策对我有利，就应该这么办，这样的理由大家是不能接受的。你必须讲一个大家都觉得有道理的理由，也就是说这个事情不仅对你有利，而且对我们大家都有利，这样大家才会接受这个理由。这就涉及协商民主审慎的反思和理性的讨论的内容是什么的问题。那么，反思和讨论的内容是什么呢？当然是公共利益，而不是私利，也就是说，怎样才能更好地促进共同体的公共利益。自由主义的一个最基本的看法是，社会中的每个人在追求自身利益的时候，可以通过类似于市场机制这样的社会机制，来实现整个社会的利益。它假定个人或者团体对于私利追求的正当性，并认为对私利的追逐会自动地导致公共利益的实现。但是，协商民主认为这样的自动机制是不存在的，它主张反思和讨论的并非私利，而是公共利益。在此我们也可以说协商民主是继承了共和主义的衣钵，而不是自由主义的衣钵。

在这样的前提下，讨论本身就构成了一种约束性力量。比如说，在做一个修公路的公共决策时，两个城市的公民就公路修建的位置进行讨论，肯定谁都想公路的位置离自己所在的城市近一些。但是在讨论的时候，代表不可能直接说应该将公路修得离我们的城市近一点，因为这样方便我们出行，有利于我们这个城市的经济发展。他肯定不能这么讲，他会找一个公共的理由来说，例如，这样修可以节约成本，或有利于保护环境，因为如果你用一个自私的理由来讲，你的理由是拿不上台面的。当你在公开陈述理由时，你只能找一个大家都能接受的公共理由来证明我这样的一个决策为什么是合理的。因此，讨论对每个参与者来说都构成了一种约束性的力量，迫使每个人都必须站在公共的角度来思考问题。如果是通过匿名投票的方式来决策的话，就不存在这样的约束。

第三，就目标而言，协商民主的目标是作出决策，这就跟哲学对话不同。讲理最典型的方式就是哲学对话或学术研讨会，它与协商民主的差别在于，这个对话可以无限进行下去。例如，关于激情和理性的讨论，我们从古希腊讨论到现在还没有讨论清楚，讨论了两千年还没有结论。但是协商民主不能这样，它是要作决定的，是有时间限制的，到了时间我们必须要作出决定。也许这个讨论过程我们达不成共识，那可以通过投票的方式作出决定。而且所作出的决策对当前的公民是有约束力的，它是一个合法的决策，且在理想状态下是所有公民都同意的。因此，自己许下的承诺，自己当然要遵守。此外，所作出的决策是开放的，随时准备迎接未来的挑战。

在此，需要特别说明的一点是，协商的目的是为了作出决定，它不必然以共识收场。事实上，论坛能得出共识的例子很少见。如果预设共识是协商必须达成的目标，可能会压制居于少数的人的表达意愿，并使弱势群体被边缘化，这样的协商会强化既有的不平等。相反，协商的作用在于识别出一个处于一致和差异之间的区域，我们可以称之为"公共行动的共同基础"。它不是共识，也不是协议。它既不是人们共同想要的东西，也不是人们彼此不同意、但却愿意相互折衷的妥协。这个共同基础可以被界定为，当一个团体接受某种行动或政策时，这个团体的成员仍然珍惜彼此的相异的价值，并保有不同的意见，只不过大家有了一个共同的参考框架和方向。有了这个基础，就有办法向前迈进。①

据此，我们可以说，协商民主提倡的是这样一种民主形式：自由而平等的公民在信息充分的情况下，就共同关心的议题，运用明智的判断，通过讲道理的方式，审慎地评估各种观点，提出合理的解决方案。在协商过程中，无论是支持还是反对某个方案，都必须说明理由，而且是以能够让他人信服的方式来讲理。参与者不仅要提出理由来为自己的主张进行辩护，而且要真诚地聆听他人的观点，并反省和重新评估自己的论据是否无可非议。

三 协商民主理论的类型和应用范围

以上我们对协商民主理论的核心理念作了简单的介绍，但必

---

① 约翰·盖斯提尔、彼得·列文：《审议民主指南——21世纪公民参与的有效策略》，刘介修、陈逸玲译，群学出版有限公司（台北），2012，第103页。

须注意的是，协商民主理论内部具有不同的理论取向，其关系错综复杂，不同学术脉络对"协商"概念有不同理解。由此，学术界对于协商民主理论内部的分野有不同的归纳。例如，布劳格曾按照规范性程度将协商民主理论划分为三类：共和主义的协商理论、后现代的协商理论以及普遍主义的协商理论。乌比内提则将其分为共识型协商民主模式和竞争型协商民主模式两种类型。麦加菲按照不同的思想资源和问题意识将协商民主理论分为三种类型：以偏好为基础的协商民主模式、理性的程序主义协商民主模式和综合的协商民主模式。[①] 相对而言，麦加菲的分类更易于让我们把握协商民主理论的发展脉络。

按照麦加菲的分类，以埃尔斯特（Jon Elster）和费什金（James Fishkin）为代表的协商民主理论被称为"以偏好为基础的协商民主模式"，因为他们仍将注意力集中在个体的意见和偏好之上。它注重的是让参与者通过协商将未经反思的意见转化为"深思熟虑的判断"，并使之成为公共政策的基础。而罗尔斯、哈贝马斯则代表了"理性的程序主义的协商民主模式"。这种协商模式有着完全规范性的哲学根基，公民完全按照普遍化的规范行事。在这种模式中，协商就是集体地考量一项政策是否合法的方式。它是这样一个过程，在其中，人们考察一项建议在规范的和伦理的意义上是否正确。因此，其关注的重心是：正义和公共善。它要透过协商来考量一项政策建议在规范的意义上或在伦理上是否正当（right）。判定的方式是各种论证往返辩难，每一个人都

---

① Ricardo Blaug, "New Developments in Deliberative Democracy," *Politics*, 16 (2), 1996, pp. 70-76; Nadia Urbinati, "Representation as Advocacy: A Study of Democratic Deliberation," *Political Theory*, Vol. 28, No. 6 (Dec., 2000), pp. 758-786; 诺埃里·麦加菲:《民主审议的三种模式》，载谈火生主编《审议民主》，江苏人民出版社，2007，第48~63页。

有机会陈述自己的理由，辩难的结果是非强制的更佳论证将获得广泛的赞同。也就是说，所有参与者最后都会接受从理性的角度来看是最具正当性的政策建议，这当然是一种理想状态。第三种是"综合模式"。其思想资源是杜威（John Dewey）、阿伦特（Hannah Arendt）和巴伯（Benjamin Barber），因此也可以被称为"准杜威模式"。这种模式具有典型的美国实用主义的特征。它不注重偏好（第一种）或理性（第二种），而是着眼于解决具体问题。目标是建设一个新的共同世界。既不要求改变偏好，也不要求达成共识，而是旨在相互理解，通过扩大相互理解，寻找一种重新整合社会的方式，不管这种整合是多么不完美，多么具有临时性。

以上的这些分类都是就协商民主的理论形态作出的，就实践形态而言，更为可取的大概是按照协商民主发生的场域而作出的划分，即发生在政府内部的民主协商、政府和民众之间的协商和发生在社会中完全由民众自己进行的协商。其中，第一种形式的协商民主属于精英型协商民主，如美国参议院、欧洲宪法法院和中国的政治协商会议中的民主协商在不同程度上属于这种类型；后面两种形式均属于大众型协商民主。当然，精英型协商民主和大众型协商民主之间还是有关联的，在很大程度上，大众型协商民主是以精英型协商民主为原型构想出来的，只不过是将参与者扩展到了普通民众，在理性、讨论和反思这一点上，二者还是一致的。需要注意的是，大众型协商民主在发展过程中演变出了一整套操作性的程序（关于这个问题，我们在第二章和第三章再予以介绍），这一点倒是和精英型协商民主构成了差别。就此而言，大众型协商民主源于精英型协商民主，反过来又为精英型协商民主的深化和发展提供了可资借鉴的丰富经验。

在对协商民主理论进行了一个粗线条的勾勒以后，下面的问题是，应该如何给协商民主定位？有一种观点认为，协商民主是一种最新的民主形式，因此，它也是更高级的民主形式，有了它，我们没有必要再去搞民主选举，没有必要再去建设和完善我们的代议制民主。这里涉及的问题是：民主协商是不是唯一的政治决策形式？其实不是。比如说，决策过程中利益集团之间的讨价还价，或者行政部门之间的秘密交易，很多时候这些方式都是无法避免的。而且，协商还有成本的问题，如果所有的事情都是公民通过协商的方式来进行决策的话，政治可以说没有办法有效地运作。我们还是需要利益集团之间的讨价还价，或者行政部门之间的秘密交易这些决策方式，因为政治生活中绝大部分的决策完全可以按照我们常规的流程进行，只有那些重大的、容易引起争议的决策才需要通过公民协商的方式来进行补充。但是，协商民主强调，无论公共政策是通过利益集团之间的讨价还价，还是通过行政部门之间的秘密交易制定，这项政策的拥护者都应该给出充分的理由，并试图获得其他公民的支持与理解。因此，前面提到的观点是错误的，即使在西方，也没有哪位学者主张以协商民主来取代代议制民主。协商民主只是一个必要的补充，它并不否定精英民主和代议制民主，它与这些民主形式之间是一种互补的关系，而不是互相替代的关系。

与此相关的另外一个问题是：是不是所有的公共决策都需要民主协商？当然不是。那么，什么样的政策议题有必要通过民主协商方式来决策呢？适合进行民主协商的议题大致应该具备几个特点：一，该议题应该是社会大众强烈关注的议题；二，该议题易引起利益冲突、价值冲突或认知层次上的冲突，因而具有较大的争议性；三，该议题涉及一定程度的技术性知识，需要通过公开的讨论，以便让民众了解相关的问题，并在此基础上理解和支持最终的决策。何包钢先生发现了一个很有意思的现象，在国外，不少协商的主题涉及社区发展的规划和发展方向。这些话题是"软"性的。而中国地方协商民主话题大多是实体性的题目，如选地址、选项目、市场管理、社区建设。比较而言，中国的协商民主的话题更切实，大都讨论生活中发生的实在问题，比如，浙江温岭泽国镇在 2005 年民主协商的议题是建设资金的使用安排；2007 年讨论拆迁问题；[①] 2009 年讨论镇财政预算问题。广东惠州某区 2010 年用民主协商的方法来解决外嫁女的权益保障问题。这些问题很多是中国在社会转型过程中遭遇的特殊问题，而且其中往往蕴含着剧烈的冲突。

四　协商民主与中国民主政治的发展

在协商民主理论引进中国之前，在我国的政治实践中其实已经有一些与协商民主的理念相应的实践形式，比如我国最早的政治协商制度、多党合作制度及工商联、群团组织等，它们在我们的政治生活中的作用类似于协商民主所希望实现的目标。当然，这并不是说我们这些制度或组织的工作与协商民主的理念完全符合，在某些特定的时期，特别是在新中国成立初期，我们政治协商制度的运作、工商联的运作，包括共青团这样一些群团组织的运作，在某种程度上是比较接近协商民主的构想的。近几年，我们比较强调政治协商制度和协商民主之间的契合性。全国政协在 2007 年创办了一份名为《理论研究》的刊物，这本杂志几乎每一

---

① 何包钢:《协商民主：理论、方法和实践》，中国社会科学出版社，2008，第108 页。

期都有 3 至 4 篇文章在讨论协商民主理论。从这个举措可以看出，我们非常自觉地认为政治协商制度与协商民主理论之间是有共通之处的。需要注意的是，我们不能简单地将二者直接等同起来。尽管我们的人大制度、政治协商制度中确实含有协商民主的因素在里面，但是如果没有这种新的观念，我们很难对它们进行很好的诠释。我们引入协商民主理论及其相关的技术，主要是想通过这种新的理论激发我们重新思考自己的根本政治制度和基本政治制度，并通过相关技术的植入，将我们制度中一些沉睡的东西激活，从而改善我们的政治运作。

其实，协商民主的应用范围远远不止于我们的人大或政治协商制度，它还可以被广泛地运用于各种社会领域。除了政治协商制度外，我国这几年已经发展出很多类型的协商民主形式——听证会、公民评议会、城市居民议事会、民主恳谈会等，这些形式其实在协商民主理论引进之前就已经存在了。协商民主理论引进后，我们发现这些东西与协商民主有颇多相通之处。当然，这些制度的运作还不是很完善，比如，听证会议题的设定经常与普通大众没多大关系，而且整个听证过程还是由官员主导，与会人员的代表性也存在很大的问题。我们需要借助协商民主所提供的科学手段来规范和改善这些民主形式，使得它们真正成为群众路线的实践形态。

推荐阅读材料：

★ 埃米·古特曼、丹尼斯·汤普森：《审议民主意味着什么？》，载谈火生主编《审议民主》，江苏人民出版社，2007，第 3~47 页。这是单篇文章中对协商民主理论最好的介绍性文字，作者本人也是协商民主理论的重要代表人物。该文选自作者 2004 年出版

的文集 *Why Deliberative Democracy?*（该书在台湾已有中译本，《商议民主》，谢宗学、郑惠文译，智胜文化（台北），2006）。就单篇文章而言，还有两篇介绍性的文章，有兴趣的读者可以找来一阅，分别是：Samuel Freeman, "Deliberative Democracy: A Sympathetic Comment," *Philosophy & Public Affairs*, Vol.29, No.4, 2000, pp. 371-418；詹姆斯·S. 菲什金:《协商民主》，载罗伯特·L. 西蒙主编《社会政治哲学》，陈喜贵译，中国人民大学出版社，2006，第245~263页。

★ 谈火生主编《审议民主》，江苏人民出版社，2007。该文集收入了当代有关协商民主的经典论文，不仅对协商民主基本理念进行了介绍，还从政治合法性、认识论基础等方面对协商民主的核心问题进行了探讨。有兴趣的读者还可进一步参考俞可平主编的"协商民主译丛"，该译丛由中央编译局出版社出版，已有8本面市，西方学界几本重要的文集均收入其中。

★ 戴激涛:《协商民主研究：宪政主义视角》，法律出版社，2012。此书从法学角度思考如何充分运用宪法资源来促进中国协商民主制度的建立和完善，并提出了自己的构想。

★ 陈朋:《国家与社会合力互动下的乡村协商民主实践》，上海人民出版社，2012。此书以温岭民主恳谈实践为个案，考察了协商民主在中国基层政治中的发展历程。

第二章
协商民主的类型与基本程序

本章阅读重点

★ 不同的协商民主形式各自适合于哪些议题？

★ 不同的协商民主形式在规模上有何差别？

★ 不同的协商民主形式在操作程序上有何特点？

就协商民主的实践形态而言，可以分为精英型协商民主和大众型协商民主两种形式，而前者自古有之，古雅典的公民大会即是其原型；20世纪80年代以来发展起来的协商民主主要是指后者。因此，我们第二章和第三章介绍协商民主的具体操作技术时主要集中在大众型协商民主的不同形式上，精英型协商民主我们在此处就不涉及了，在案例部分我们会以美国的参议院和中国的政治协商会议为例来展示精英型协商民主的运作情况。

在第一章中，我们谈到近期发展起来的协商民主可以看做参与民主的升级版本，因此，它和参与民主无论是在基本理念上还是在具体的实践上都有很多共同之处，其实践形态也是在参与民主的发展过程中逐渐产生出来的。但是，公民参与的形式很多，它们不一定都能被称为协商民主。例如，行政部门在决策之前可能会找一些专家学者进行咨询，或者举办听证会，甚至进行民意调查，以征求民众的意见。这些形式无疑属于参与民主，但却不符合协商民主的要求。按照我们第一章的阐释，协商民主至少应该符合以下几个特征：（1）包容性：所有受到决策影响的公民都有可能进入协商过程；（2）平等性：所有参与者都是自由而平等的，每个人的意见都应该得到尊重；（3）理性：参与者能获得充分的资讯，并在此基础上作出明智的判断；（4）对话和沟通：参与者通过讲道理的方式，审慎地评估各种观点，形成集体意见，提出合理的解决方案。

那么，哪些公民参与形式可以算是协商民主呢？有人曾经对各种相关的公民参与形态作过统计，共发现将近100种公民参与模式，比较符合协商民主要求的模式主要包括：公民会议或共识会议、公民陪审团、协商式民意调查、愿景工作坊（又译美好未来工作坊）、开放空间和学习小组。下面，我们就对其中四种主要的模式进行介绍。

一　公民会议

1. 什么是公民会议?

公民会议（Citizen Conference）或共识会议（Consensus Conference），是邀请不具专业知识的普通民众，针对具有争议性的政策或具体行政事项，进行公开的讨论，并将讨论所形成的共识撰写成正式报告，向社会大众公布，供决策部门参考。它既可能由政府相关职能部门组织（如丹麦的公民会议就是在其技术委员会的组织下进行），也可以由社会团体出面组织（如英国的第一次共识会议就是由伦敦科学博物馆组织的，但是，英国议会的科学与技术委员会的主席是共识会议的执行团队的一员）。

　　公民会议这种协商民主形式最早是在 20 世纪 80 年代中期产生于丹麦，后来逐渐推广到其他国家，目前有超过 30 个以上的国家和地区采用，成为应用最广泛的一种协商民主模式。[①]公民会议首先在丹麦发展起来绝非意外，过去 150 年以来，这个国家发展了一种民主的传统，以主动积极和充分知情的公众为其特点。[②]

　　这种模式最早是被运用于对科学技术的评估，开始并没有普通民众的参与，例如，美国的科学技术评估办公室（Office of Technology Assessment）开始就是邀请一些技术专家和股东，请他们对相关的科技政策提出意见和建议。尽管该办公室曾经试图扩大参与范围，通过制度化的方式将普通公众纳入其中，但它从来没有成功地实现这一点。欧洲人在这一点上却实现了突破，尽管欧洲人一开始也是在美国科学技术评估办公室的启发下创立了自己的科技评估机构，但是，他们很快就通过结合当地的制度和文化，走出了一条新路。其中，最成功的就是丹麦的技术委员会，它所开创的共识会议现在已经获得了世界性的影响。[③] 技术委员会于 1986 年成立，它的主要功能是独立地评估科学技术

[①]　相关的案例集可以浏览下面的网站：www.loka.org/pages/worldpanels.html。

[②]　约翰·盖斯提尔、彼得·列文：《审议民主指南——21 世纪公民参与的有效策略》，刘介修、陈逸玲译，群学出版有限公司（台北），2012，第 153 页。

[③]　David H. Guston，"Evaluating the First U. S. Consensus Conference：'The Impact of the Citizens' Panel on Telecommunications and the Future of Democracy，" *Science，Technology，& Human Values*，Vol. 24，No. 4（Autumn，1999），pp. 451–482.

对社会可能造成的影响，促成政治决策者、专家学者与公民之间就科技议题展开公共辩论。其目标是通过扩大参与范围，将普通民众纳入决策评估过程，一方面，通过不同视角的交融，提高科技决策的水平；另一方面，通过充分的公共讨论，提高公众对科学技术相关政策的理解，并通过公民参与来强化民主制度。技术委员会在实践中创造出很多新的公民参与方法，例如公民会议、愿景工作坊、观点工作坊（Perspective Workshop）、未来小组（Future Panel）等。在此，我们重点介绍公民会议和愿景工作坊。

公民会议与其他公民参与模式一样，都是设法让普通民众从不具备与议题有关的专业知识到成为知情公民，进而能够理性地进行讨论。这可以使现今的民主政治摆脱专家统治模式。众所周知，专家统治模式最大的缺点就在于政策制定过程一方面涵括专家意见，另一方面却排除受此政策影响的公民。公民会议就是为了克服这一弊端而诞生的。

公民会议的规模可大可小，一般的公民会议规模并不大，30~50人。但是，也有几百人规模的公民会议，如我们在案例部分会介绍的加拿大不列颠哥伦比亚省的公民会议，人数达到160人，浙江省温岭市的民主恳谈会人数也常常达到200人的规模。甚至还有上千人规模的公民会议，如最早由非营利性组织"美国之声"组织的21世纪城镇大会，运用计算机网络技术，将上百个小组讨论联接起来，并在大屏幕上以实时的方式展现各个小组的讨论结果，比较各讨论结果之间的差异。[①]

---

① 相关情况可以参考下面的网站：www.americaspeaks.org。

☞　小贴士：

"9·11"袭击之后，人们对世贸中心旧址的未来规划存在很大的分歧，为了寻求一致的解决方案，重建纽约商业区城市联合会请求"美国之声"提供一套超越分歧的方案。2002年，"美国之声"组织了几千名纽约市民就此议题进行讨论，共进行了三次大型讨论。第一次会议有600多人参加，第二次会议有4500名公众再度进行讨论，最后，由800名纽约市民用两周的时间在网上评论。通过参与者大规模的协商讨论，改变了最初的设计蓝本，得到了社会的高度肯定。

2. 什么性质的议题适合使用公民会议？

那么，什么样的议题适合于使用公民会议这种协商民主形式呢？公民会议适合于具备以下特征的议题：

（1）议题的影响范围很广，受到社会大众的广泛关注；

（2）议题的政策选项正在发展阶段，需要征求公众的意见；

（3）议题具有技术上的复杂性，需要通过适当的形式来帮助公众了解；

（4）议题具有高度的争议性，尤其是牵涉基本价值冲突的议题。

首先，从议题的层级上讲，公民会议所讨论的议题绝大多数是全国性议题。据台湾大学的林国明教授统计，截至2007年，在他列入统计的49场公民会议中，有44场（占90%）都是讨论全国性议题，只有5场的议题是在地方层级。而且，这5场地方性议题的公民会议中有 4 场是在加拿大举办的。与此同时，加拿大除了这 4 场外，没有举办过其他的公民会议。换言之，起码从经验的角度来观察，以公民会议的形式来处理地方性议题基本算是特例。这使得公民会议与公民陪审团和愿景工作坊这两种协商民主形式形成鲜明对比，后面两种形式非常明确地以地方性议题为主。

从这个意义上讲，公民会议这种协商民主形式比较适合于讨论比较重大、影响面比较广的全国性议题。如果我们看看世界各国和地区所举办的公民会议的议题，可能会对这一点有更深切的体会。美国的第一场公民会议于 1997 年举办，其议题是"通讯技术与民主的未来"；台湾地区颇为重要的一次公民会议于 2005 年举办，其议题是"全民健保的公共政策"；[①] 2000 年，英国举办了一场关于"放射性废料管理"的公民会议。有些重大的议题在很多国家和地区都讨论过，如基因问题、医疗制度改革问题。当然，也有些公民会议讨论的是非常抽象的价值问题，例如，2005 年，英国的 BBC 广播公司举办的一场公民会议，其主题是"尊严"。

其次，就议题性质而言，大多数（39 场，80%）的公民会议所涉及的都是基因科技或其他科技议题，只有少部分（10 场，20%）公民会议的议题是一般政策问题。这似乎承袭了丹麦原初设计公民会议时的宗旨：处理与科技相关的议题。而我们知道，与一般性的政策问题相比，科技议题所具有的技术复杂性程度是

---

① 台湾地区在 2002 年和 2005 年就全民健保制度改革的议题举行了两次公民会议，其中 2002 年的那一次也是台湾地区举办的首次公民会议，本书第 7 章所选取的案例就是 2002 年的这次会议。

比较高的。因此，这四种协商民主模式所涉及的技术层次可排列如下：公民会议（高）＞公民陪审团（中至高）＞愿景工作坊（中）＞协商式民意调查（低）。

二　公民陪审团

1. 什么是公民陪审团？

公民陪审团（Citizens Jury）是协商民主的第二种模式，与发源于欧洲的公民会议不同，公民陪审团起源于 20 世纪 70 年代的美国。现在，这种公民参与模式已经推广到世界各地，英国、澳大利亚、西班牙、印度、南非、瑞典、爱尔兰、丹麦等国均已举办多次，并且逐年增加，公民陪审团正在逐渐迈向制度化。

公民陪审团是由政治学家内德·克洛斯比（Ned Crosby）创造出来的。1971 年 3 月，还在明尼苏达大学读博士的克洛斯比创立了公民陪审团这一新的民主形式，但直到 1974 年，它才第一次被付诸实践。公民陪审团是为了对治当时美国政治中存在的诸多问题，如政党操弄、政府决策过程的腐化、选举功能的失效。公民陪审团的设计初衷是希望提供让政府倾听人民心声的机会。通过公民陪审团，政府官员有机会了解民众究竟需要什么，以及民众为什么会提出这些要求。这些信息对于政策的制定是非常重要的参考依据。与此同时，公民陪审团还提供了一个很好的平台，让公民可以在此过程中学习如何对公共政策进行思考与讨论，一起凝聚对政策的共识。

☞ 小贴士：

1974 年，克洛斯比在明尼苏达州成立杰斐逊中心（Jefferson Center），旨在推广公民陪审团，促使公民主动介入政府决策过程，以解决美国民主面临的问题。杰斐逊中心是一家非营利、无党派的独立机构，核心目标在于创造与维持高质量的公民陪审团，为此，它将"Citizens Jury"一词注册为商标，所有美国境内的公民陪审团皆须经过许可才能执行。杰斐逊中心自 1974 年到 2002 年为止，总共举办或协办了 30 场公民陪审团。其中 1984 年那场第一次获得政府赞助，1990 年与明尼苏达妇女投票联盟合办的以"州长选举"为议题的公民陪审团在社会上获得极大的反响。1992 年，这两个机构再度联手，举办以"参议员选举"为题的公民陪审团，更是大获成功，连《华盛顿邮报》的社论也对之称赞不已，称之为"代议制民主的模范"。

一般来讲，公民陪审团这种协商民主形式具备以下几个特征：

（1）随机抽样：陪审团成员是通过科学的民意调查技术随机抽样产生的，因此，它是公众的一个缩影；

（2）代表性：陪审员经由精心选取，以代表大多数民众。基本上没有其他的过程采取如此细致的办法，以准确地反映共同体的状况；

（3）知情：在议题的关键点上，专家证人应为陪审团提供相关信息，提出不同的看法和意见，并能解答陪审团成员的相关问题；

（4）公平性：专家证人的证言必须谨慎而平衡，公平地对待议题的各个面向；

（5）协商性：陪审团在会议期间应对议题的不同面向进行充

分的思考与讨论。[①]

近年来，美国的公民陪审团发明了一项新的程序——证人之间的相互质询。在 2001 年举办的关于"公民创制"的公民陪审团，允许赞成与反对的双方专家证人相互质询。这项措施在德、英与其他国家均未实施，这为已制度化的美国公民陪审团注入了新的活力。

在美国之外，公民陪审团发展出了很多其他的形式，例如，在德国有一个与公民陪审团相当类似的版本：规划小组（Planning Cell）。规划小组是由德国社会学家彼得·丹尼尔（Peter C. Dienel）于 1971 年所创，1972 年第一次被付诸实践。有意思的是，尽管克洛斯比和丹尼尔在同一年创立了差不多相同的民主形式，但他们一直不认识，据克洛斯比讲，他们两人直到 1984 年才相互认识。当时，规划小组在德国已经举办了为期四天的公民陪审团项目 23 个。[②] 规划小组与美国版本的公民陪审团之间有一个很大的差别，它一开始就和政府签订了一个契约，这个契约规定，政府必须考虑并正式回应规划小组的提议，即便不接受规划小组的倡议，也必须说明理由。和美国公民陪审团相比，这正是规划小组的优点所在：规划小组本身就是政府决策过程的一环，这确保了它对政府决策的影响力。例如，1989 年至 1990 年举办的议题为"数字网络"的规划小组项目，就影响了 1991 年生效的电信数据保护法令。

相对而言，公民陪审团的实践在英国开展较晚，迟至 1994年，英国的公共政策研究所参观了杰斐逊中心和丹尼尔领导的公民参与研究中心，在综合了美国和德国的模式后，形成了一种混合式的公民陪审团。这种英国风格的公民陪审团在技术层面有自

---

① Jefferson Center, *Citizens Jury Handbook*, 2004, pp. 3-4.
② Ned Crosby and John C. Hottinger, The *Citizens Jury Process*, 2011, http://www.jefferson-center.org/.

己的创新之处：首先，在正式的会议开始之前，它有一个小规模的试验和热身，这个环节可以用来确定议程安排是否合适，并测试公民陪审员们对议程的感受，以及证人们所提供的信息是否充分；其次，它鼓励公民陪审员们从社区的视角，而不是个人的视角来思考问题，希望他们能代表社会的一个横截面。[1]

需要指出的是，20世纪90年代以后，本来是旨在促进公民参与的公民陪审团开始变得越来越商业化，且不说杰斐逊中心一开始就将其注册为商标，起码在英国，大多数的公民陪审团已经成为市场调查的一个项目。[2]

☞ 小贴士：

Citizens' Jury是美国司法制度中的一环，参加公民陪审团是一项强制性的公民义务。作为司法制度一部分的公民陪审团和我们此处讨论的作为协商民主形式的公民陪审团并不相同，但前者是后者的原型，后者是前者的升级版。二者之间的差别在于：前者限于司法，后者则主要被应用于公共政策的讨论；前者是一项强制性的公民义务，后者则是一种志愿性的公民参与机制；在后者中，参与者是通过严格抽样的方式产生出来的。

因此，有学者建议，用其他的词——如citizens' panel——来指称这种新的公民参与形式，以示与作为司法制度的公民陪审团的区别。

---

[1] Ned Crosby, et al. *Citizens' Juries British Style*, 1996, https://fp.auburn.edu/tann/cp/juries.htm.

[2] H. Bradbury and P. Reason, (eds), *Handbook of Action Research* (Second Edition), London：Sage Publications, 2007, Chapter 22.

2. 哪些议题适合使用公民陪审团？

除了我们前面谈到的协商民主的一般性特征之外，公民陪审团这种协商民主形式在议题选择上最值得注意的地方有如下几点。

第一，就议题的层次来说，公民陪审团所讨论的议题基本都是关于地方的公共事务，仅有小部分公民陪审团将议题聚焦在全国层次的问题。据林国明教授的统计，在他搜集到的32场公民陪审团中，有26场（81%）是地方的公共事务；只有6场（19%）是全国性的。从国别来看，其分布基本也是如此。

表2-1　各国公民陪审团议题层级

国别＼议题层级	地方性议题	全国性议题	合计
英国（1995~2005）	14（78%）	4（13%）	18
德国（1980~1996）	4（80%）	1（20%）	5
爱尔兰（2003）	1（100%）	0（0%）	1
美国（1998~2002）	5（83%）	1（17%）	6
澳大利亚（2001~2005）	2（100%）	0（0%）	2
合　计	26（81%）	6（19%）	32

第二，从议题涉及的技术复杂性程度来看，公民陪审团比较偏好环境与运输（10场，31%）、医疗与科技（9场，28%）等议题，但前者相较于后者，所使用的技术层次较低。但无论如何，环境与运输及医疗与科技两组议题所使用的技术层次远比协商式民意调查所偏好的议题（政治经济）来得高。因此，公民陪审团的主要议题牵涉的技术层次属于中等复杂程度到较高的复杂

程度。

第三，从议题发展阶段来说，几乎所有公民陪审团的议题都仍处在发展的初期阶段，也就是说与议题相关的决策选项并不明朗，或现有政策受到相当大的争议。例如，英国2005年举办的"初级医疗制度改革"公民陪审团，当时的社会背景就是既存的初级医疗制度受到广泛的争议；美国在1999年由杰斐逊中心举办的"明尼苏达州财产税改革"公民陪审团，当时的社会背景也是既存的财产税制引发了人们的争论。

三　愿景工作坊

1. 什么是愿景工作坊？

和公民会议一样，愿景工作坊（Scenario Workshop）也是由丹麦科技委员会发展出来的一种新的公民参与方式，不过，其时间比公民会议稍晚，于20世纪90年代初期才产生。尽管如此，它已经传播到很多国家和地区，如美国、英国、芬兰、德国、西班牙、意大利、法国、希腊、奥地利、瑞典、葡萄牙、斯洛伐克和中国的台湾地区。

愿景工作坊的基本目标是针对一些地方性议题（如水资源保护问题、交通问题），提出未来可能的发展图景。其方法是通过创造一个对话的空间，让不同背景的社会成员能够相互沟通、合作，发展出共同行动的愿景。这种方法强调群策群力，一起来解决共同面临的问题，通过不同群体的参与，让各种知识与经验汇聚交流，提升决策的质量。它通过各种假想的可能性来刺激我们的想象力，让我们能摆脱现有的发展趋势的束缚，以新的视野来思考我们所面临的问题。[①] 需要注意的是，愿景工作坊的目标不是最好的未来规划，不是独一无二的乌托邦，而是更好的未来，是在多元化的伦理观念指导下形成的若干可能的未来图景中的一个。实践证明，愿景工作坊是一个有效的工具，它可以激发出共同体的社会创造力，让人们跳出现有的思维模式，以新的视角来思考他们所面临的处境，并规划美好的未来。[②]

一般来说，工作坊的参与者在 15 人到 30 人之间，其基本模式是让普通民众、政府官员、专家学者、产业界人士及社会团体的代表分别扮演不同的社会角色，如政治人物、行政官员、科技专家、发明家与企业家，让他们根据自身的经验来检视各种可能的愿景，针对共同面对的问题互相讨论，寻求解决问题的方案。

与公民会议和公民陪审团不同的是，在公民会议和公民陪审团中，这些愿景或者说解决方案是由决策者或专家提供的，而在愿景工作坊中，专家只提供基础性的材料。尽管在工作坊开始之前，主办单位会编写四套剧本，交由参与者先行研读。但这些剧本不是对未来的预测，不是告诉参与者我们应该如此这般，让参与者在几个方案之中进行选择，它们的作用仅仅只是起到一个路标的功能，旨在刺激参与者的创造力和想象力，启发参与者的思考、批评和理性的讨论，进而发展出新的共同愿景与行动计划。也就是说，参与者不必在这四套剧本当中进行选择，他们完全可以发展出相当不同的、属于自己的剧本（愿

① Eva Wollenberg and David Edmunds, *Anticipating Change*: *Scenarios as a Tool for Adaptive Forest Management*: *A Guide*, Center for International Forestry Research, 2000, p. 4.

② James A. Ogilvy, *Creating Better Futures*: *Scenario Planning as a Tool for a Better Tomorrow*, New York: Oxford University Press, 2002, p. 11.

景）。① 因此，愿景工作坊的整个过程也是一个头脑风暴的过程。

2. 什么性质的议题适合使用愿景工作坊？

一般而言，愿景工作坊比较适合运用于以下性质的议题：

（1）存在着发生重大变迁的可能性，而且变迁的方向存在着高度的不确定性；

（2）目前的发展趋势不能令人满意，因此，需要作进一步的研究；

（3）该议题本身具有一定程度的复杂性；

（4）该议题是一个长期的规划。②

第一，就议题的层级来说，在林国明教授搜集到的 58 个案例中，绝大多数的愿景工作坊都把焦点放在当地议题上（57 场，98%），这一点可以说比公民陪审团有过之而无不及。唯一一场将主题定位在全国层级的，就是斯洛伐克于 1997 年举办的愿景工作坊，它讨论的议题主要是斯洛伐克境内与欧洲之内各部门之间的合作关系。聚焦于地方性议题是愿景工作坊的一个非常突出的特点。③ 当然，需要指出的是，尽管愿景工作坊这种方法常常被用于地方性议题，但是，它在联合国或欧盟这样的大型国际组织中也得到了广泛应用，以应对相关的社会议题和环境议题。④

① Ida-Elisabeth Andersen and Birgit Jager（1999），"Danish Participatory Models-Scenario Workshops and Consensus Conferences: Towards More Democratic Decision-Making," *Science and Public Policy*, Vol. 26, No. 5: 331-40.

② Nikki Slocum, et al., *Participatory Methods Toolkit: A Practitioner's Manual*, King Baudouin Foundation and the Flemish Institute for Science and Technology Assessment, 2003, p. 129.

③ 台湾地区"行政院研究发展考核委员会"编印《行政民主之实践：总结报告》，2007，第 3 章。

④ Samantha Smith, *Scenario Workshop*, http://participedia.net/en/methods/scenario-workshop.

第二，每一场愿景工作坊的议题都是复合型的。例如，英国1998年在纽卡斯尔举办的愿景工作坊，议题就包含了科技、环境、公共运输等层面；意大利1996年在那波利举办的愿景工作坊，议题同时包含建筑、能源、运输、环境等问题。这一点和公民陪审团有很大的不同。公民陪审团的议题较单一，想要解决的问题并不庞大复杂，但愿景工作坊的议题是多面向的、复合型的。

第三，从议题牵涉的技术层次来看，愿景工作坊较偏好环境议题（24场，63%），而此议题所涉及的技术层次比科技议题要低，而又比协商式民意调查所偏好的议题（政治经济）来得高，因此，愿景工作坊所讨论的主要是中等技术层次的议题。

第四，从议题发展阶段来考察，我们可以发现，各国愿景工作坊所讨论的议题几乎都是对某一事务的未来发展的规划，也就是说，在议题的发展阶段中，愿景工作坊的议题处在"长远规划"这个位置上。

四 协商式民意调查

1. 什么是协商式民意调查？

协商式民意调查（Deliberative Polling）的方法是由美国学者费什金于1988年创造出来的，这一方法结合了一般的民意调查和协商民主两方面的优点。一般的民意调查强调以严格的抽样方式选出具有代表性的一群人，并就特定的议题征询他们的意见。这种方法的优点是其科学性，即通过科学的抽样，保证了所选出的这些人具有统计学意义上的代表性。但是，这种方法也有一个很大的缺点，那就是它的调查所依赖的基本信息是公民未经反思的偏好，这些偏好可能是非理性的、自私的、狭隘的，被调查的公民实际上处于一种理性无知的状态。在这种状况下，民意调查极有可能被人利用，成为一种统计数字游戏，无法反映真实的民意。因此，费什金借助协商民主的基本构想对之进行改造，让这些通过科学抽样选出的公民就某一与自身相关的议题进行理性的讨论，并在讨论后征询他们对该议题的意见。这样，就将这两者结合起来，从而克服了传统民意调查的缺点。按照费什金的说法，一般的民意调查所调查出来的是"民众对某议题的看法"（what the public think），而协商式民意调查所调查出来的则是"民众将会如何看待某议题"（what the public would think）。它所揭示的是，如果公众能够掌握充分的信息，并经过审慎而理性的讨论，他们将会如何思考。①

在具体的实践操作中，协商式民意调查和公民陪审团一样，为了确保执行的质量，费什金也将"协商式民意调查"注册为商标，而这个商标所带来的收入也被费什金所领导的协商民主中心（Center for Deliberative Democracy）用来支持后续的研究。到目前为止，协商式民意调查已经在美国本土以及海外举办数十次，在中国也进行过几次。

2. 哪些议题适合使用协商式民意调查？

一般而言，协商式民意调查的议题具有如下几个特点：

第一，就议题的层级而言，协商式民意调查的议题层级偏好不是很明显，尽管全国性议题稍占优势，但这种优势并不明显。据林国明教授对 25 场协商式民意调查所作的统计，全国性议题有 14 场（56%）。因此，它既不像公民会议那样偏好全国性议题，也不像公民陪审团和愿景工作坊那样偏好地方性议题。

---

① James Fishkin, *Democracy and Deliberation: New Directions for Democratic Reform*, New Haven, Conn.: Yale University Press, 1991, pp. 1-4.

第二，从议题所涉及的技术层次来看，协商式民意调查较偏好政治经济议题（11场，44%），而此类议题所关涉的技术层次比我们前面提及的公民陪审团和愿景工作坊都要低，因此，协商式民意调查偏好的议题所涉及的技术层次是四种协商民主模式中最低的。

第三，协商式民意调查所讨论的议题一般来说是比较重大的决策，小事情、小课题无须使用这种方法。[①]

表 2-2　各国协商式民意调查议题性质

议题层级 议题性质	全国	地方	合计
政治经济	9（36%）	2（8%）	11（44%）
能源环保	1（4%）	8（32%）	9（36%）
医疗教育	2（8%）	1（4%）	3（12%）
其他	2（8%）	0（0%）	2（8%）
合　计	14（56%）	11（44%）	25（100%）

五　协商民主的基本程序

无论是哪种协商民主模式都有一套特定的操作程序。尽管就总体特征而言，它们都强调在包容与平等的原则下，提供充分的信息，让参与者通过对话和沟通，形成对政策的集体意见。但是，不同的模式在具体的制度安排上还是有很大的差别。下面我们先对这四种模式的基本程序作一个介绍。

---

① 何包钢:《协商民主：理论、方法和实践》，中国社会科学出版社，2008，第108 页。

1. 公民会议的操作程序

（1）确定核心议题：指明最关键的、有待解决的议题，作为会议的讨论主题。

（2）成立执行委员会：由包含不同立场的人士组成执行委员会，负责决定公民会议的重大事务，并监督公民会议的进行。

（3）招募与挑选参与者：通过公开的途径来招募志愿者参与会议，从报名者之中随机抽选 12 至 20 人组成"公民小组"，抽选时应考虑参与者背景的异质性和观点的多元性。

（4）提供阅读资料：会议召开之前，寄发给每一位参与者浅显易懂、观点平衡的阅读资料，让参与者对议题的基本性质与争议焦点有所了解。

（5）举行预备会议：利用二至四天的时间，安排专家授课，介绍与议题相关的背景知识和多元观点。

（6）提出问题：公民小组在预备会议的最后阶段，形成他们要在正式会议中讨论并询问专家的问题。

（7）安排正式会议议程：主办单位和执行委员会根据公民小组提出的问题来安排正式会议的议程。

（8）举办正式会议：利用二至四天的时间进行正式会议，先由专家针对公民小组事先拟定的问题作说明，并回答公民小组在会场提出的问题，再由公民小组自行针对各个议题进行综合讨论。公民小组在讨论中，针对议题分别发表意见，进行沟通，寻求共识。

（9）撰写结论报告：公民小组将讨论之后的共识意见，以及不同意见与理由写成结论报告。

（10）公布结论报告：举行记者会，对外公布结论报告，并将结论报告交给相关行政部门作为决策参考。[①]

2. 公民陪审团的操作程序

（1）确定核心议题：设定"范围明确，焦点集中，而且牵涉到不同政策选项的争议"的议题，作为会议讨论主题。

（2）成立执行委员会：由不同立场的人士共同组成执行委员会，负责决定公民陪审团的重大事务，并监督公民陪审团的进行。

（3）招募与挑选参与者：由随机抽样技术选择的公民陪审员来参与讨论。

（4）提供阅读资料：会议召开之前，寄发给每一位参与者浅显易懂的阅读资料（议题手册）。议题手册一方面提供事实性的信息介绍讨论的议题，另一方面说明议题的不同政策选项之争议所在，每个选项的正反意见和优劣得失。

（5）选择专家证人：邀请两类专家证人。一类是介绍议题的专家，解释议题的性质，说明可能的问题解决方案。一类是听证的专家，陈述特定的观点和政策选项，辩护特定的立场，让公民陪审员能够了解议题争议之所在。

（6）举行正式会议：公民陪审员在正式会议中，通过专家介绍来了解问题，听取各方代表说明对议题和政策选项的观点，最后经由讨论，对议题达成结论。[②]

3. 愿景工作坊的操作程序

（1）拟定讨论主题：根据议题领域中最重要的面向和核心的问题来拟定讨论的主题，以便于讨论聚焦。

（2）成立执行委员会：由不同立场的人士共同组成执行委员

---

① 台湾地区"行政院研究发展考核委员会"编印《审议民主公民参与操作手册：全国型议题》，2007，第二章。

② 台湾地区"行政院研究发展考核委员会"编印《审议民主公民参与操作手册：全国型议题》，2007，第四章。

会，负责决定愿景工作坊的重大事务，并监督愿景工作坊的进行。

（3）邀请、招募与挑选参与者：邀请一般民众和政府官员、学者专家、产业界人士及社会团体代表来参与讨论。

（4）提供阅读资料：会议召开之前，寄发给每一位参与者浅显易懂的阅读资料。阅读数据的内容，是以会议讨论主题为轴心，介绍必需的信息。

（5）撰写剧本：剧本描述未来的几种可能状况，让参与者借由对剧本的批评和讨论，形成他们自己的愿景。

（6）举行正式会议：参与者通过交换经验、批评剧本来形成未来发展的共同愿景，并提出如何实现愿景的做法。[①]

4. 协商式民意调查的操作程序

（1）确定核心议题：建构出一套政策选项，或不同的行动方案，让具有代表性的公众能够去审议不同方案的选择，去思考并决定该怎么做才能解决问题。

（2）成立执行委员会：媒体、民意调查机构及协商式民意调查中心共同组成一个执行委员会：媒体负责活动的倡导、对民众专家之间问询回答的转播及论坛的安排和人员的联系；民意调查机构负责问卷的设计、先期访问与参与者的招募，协商式民意调查中心负责活动的设计与质量的控制。

（3）进行民意调查及招募参与者：以随机抽样的方式从全国人口之中抽取代表性样本，针对会议所要讨论的议题，进行一次公众民意调查（前测）。在进行前测的最后阶段，邀请受访者参加公民会议。

（4）提供阅读资料：提供平衡的观点和充分的信息，介绍各种不同政策选项和行动方案的内容和正反两方面的意见，让参与

---

① 台湾地区"行政院研究发展考核委员会"编印《审议民主公民参与操作手册：全国型议题》，2007，第三章。

者了解不同政策选项的利弊得失。

（5）召开公民会议：问卷完成后一至两个月内，主办单位邀请有意愿参与的受访者到指定地点参与协商会议。通常，参与者的人数在 200 至 500 人左右，时间则是星期五晚上至星期日中午。在协商过程中，参与者被随机分派到某个小组，每个小组都有一位主办单位训练出来的主持人协助组员讨论。通过小组会议及全体会议和专家对谈，参与者可以深化对不同政策方案的理解。

（6）后续评估：协商结束后，参与者再回答一份与前测相同的问卷（后测）。同时，曾经接受过前测但没有参与公民会议的受访者也再次回答与前测相同的问卷。比较前后测的结果，并将结果告知参与者、委托机构、相关决策机关和媒体。[①]

我们看到，这四种协商民主形式在操作上大致包括以下三个阶段，每个阶段又包含若干步骤，这些基本程序是所有类型的协商民主形式都必须具备的（如图 2-1 所示）。当然，除了这些必备程序外，还有若干会外部分的工作可以根据实际需要进行选择。

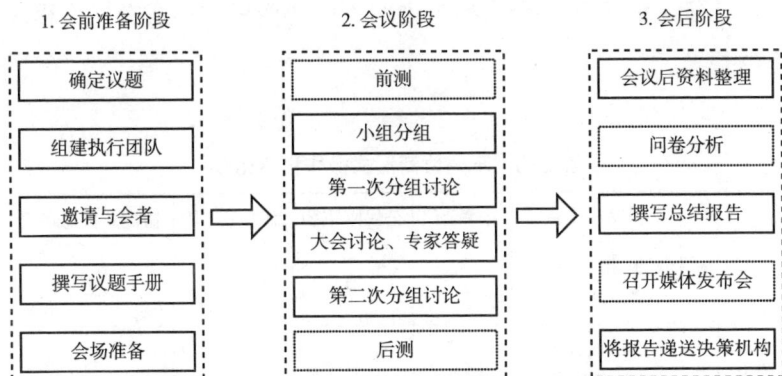

图 2-1　协商民主的基本程序

---

① 台湾地区"行政院研究发展考核委员会"编印：《审议民主公民参与操作手册：全国型议题》，2007 年，第五章。

当然，每种形式内部具体应该具备哪些步骤，情况还是有所不同。而且，每种形式都有自身的特点，都有一些独特的制度安排。例如，公民会议在正式会议之前有一个预备会议，并据此确定正式会议的议程安排，这是其独特的制度设计，它可以让参与者在议程安排环节就介入；公民陪审团则需要选择专家证人，且让证人之间相互质询，这是其他的协商民主形式所没有的，它可以让讨论更加深入；愿景工作坊的独特之处在于，它所提供的阅读材料是一套"剧本"，描述不同的政策方案所可能产生的后果，让参与者通过对剧本的批评来发展共同愿景，通过激发参与者的想象力，产生新的知识与行动计划；协商式民调则是一种准实验设计，它不仅要设计一套问卷，进行前测和后测，而且，主办单位也会随机抽出一组独立的全国性样本，这组样本中的人既没接受过前测，也没有参与协商，但他们也会在参与者结束协商时接受问卷调查，此份问卷和前后测问卷完全相同。这是主办单位刻意安排的准控制组，以便能够与进行协商的样本（准实验组）进行比较。

下面，我们用一个表格来说明不同协商民主形式在操作程序上的差异。

表 2-3　不同协商形式操作程序比较

		程序和步骤	公民会议	公民陪审团	愿景工作坊	协商式民意调查
确定议题	1	收集相关资讯（含学术和实务）	有	有	有	有
	2	寻找与该议题相关的学者专家	有	有	有	有
	3	与相关部门或团体沟通	有	有	有	有
	4	确定议题	有	有	有	有

续表

		程序和步骤	公民会议	公民陪审团	愿景工作坊	协商式民意调查
组建执行团队	5	寻找具相关工作经验的筹办人员	有			
	6	邀请执行委员（与议题相关的专家，或举办公民会议经验丰富的学者专家）	有	有	有	有
	7	执委会工作会议（2–3次）	有	有	有	有
撰写会议材料	8	资料收集	有	有	有	有
	9	文献阅读	有	有	有	有
	10	议题手册撰写	有	有		
	11	剧本撰写			有	
	12	问卷设计				有
邀请与会者	13	洽询调查团队	有			有
	14	抽样	有	有		
	15	执行前测电话访问	有			有
	16	寄送会议资料（含议程、会议地点交通信息、会议守则等）	有	有	有	有
	17	邀请受访者参与	有	有	有	有
	18	后续第一波联系	有			
	19	后续第二波联系	有			
	20	后续第三波联系	有			
	21	与会名单确定	有	有	有	有

		程序和步骤	公民会议	公民陪审团	愿景工作坊	协商式民意调查
会议准备部分	22	会议场地租借	有	有	有	有
	23	邀请预备会议授课专家	有			
	24	会议投影制作	有	有	有	有
	25	主持人、工作人员挑选与培训	有		有	有
	26	会前第一次工作会议	有	有	有	有
	27	会前第二次工作会议	有	有	有	有
	28	会议议程安排	有	有	有	有
	29	联系相关媒体	有			有
	30	预备会议	有			
	31	调整并确定议程	有	有	有	有
	32	会议场地的布置	有	有	有	有
	33	会议流程演练	有			
会议部分	34	会前问卷调查				有
	35	与会人员分组	有	有	有	有
	36	第一次全体大会	有	有	有	有
	37	第一次分组讨论	有	有	有	有
	38	专家答疑	有	有	有	有
	39	第二次分组讨论	有	有	有	有
	40	第三次全体大会	有	有	有	有
	41	会后问卷调查				有

续表

		程序和步骤	公民会议	公民陪审团	愿景工作坊	协商式民意调查
会后部分	42	会议后资料整理	有	有	有	有
	43	深度访谈（与会公民、专家）	有			
	44	后续评估、问卷分析，并将结果告知参与者、委托机构、相关决策机关和媒体				有
	45	撰写结项报告	有	有	有	有
	46	召开记者会—发表结项报告	有			有
会外部分	47	公民投票	可能有			
	48	人代会或议会				可能有
	49	政府工作会议	可能有	可能有		
	50	开通网上论坛	可能有			
	51	电视直播				有
	52	听证会	可能有			

推荐阅读材料：

★ 台湾地区"行政院研究发展考核委员会"编印《行政民主之实践：总结报告》，2007。该报告是台湾倡导协商民主最力的数位学者对于其实践经验的总结，是中文文献中关于协商民主实践最好的材料，本章的叙述得益于此项资料处甚多。

★ Simon Joss and John Durant, ed., *Public Participation in Science*：*The Role of Consensus Conferences in Europe*, London：Science Museum, 1995. 这本文集对于了解公民会议等协商民主形式的

起源很有帮助。

★ B.A. Ackerman, J.S. Fishkin, *Deliberation Day*, New Haven, Conn.: Yale University Press, 2004. 此书详细描述了协商民主的制度构想，作者费希金是协商式民意调查的创始人，阿克曼是著名的法学家，二人联手写作的这本著作对于了解公民会议和协商式民意调查非常有帮助。

★ Jefferson Center, *Citizens Jury Handbook*, 2004；Anna Coote, Jo Lenaghan, *Citizens' Juries*：*Theory Into Practice*, Institute for Public Policy Research, 1997. 这两本书对了解公民陪审团的规范性理想及其运作颇有参考价值。其中，前面一本书可以在杰斐逊中心的网站（http://www.jefferson-center.org/）下载。

★ 有一些网站对于了解协商民主的各种形式和运作程序很有帮助，有兴趣的读者不妨浏览：综合性网站（中文），http://tsd.social.ntu.edu.tw/index.htm；公民会议和愿景工作坊，http://www.nae.edu/nae/techlithome.nsf/weblinks/KGRG-58CTRP?OpenDocument；公民陪审团，http://www.jefferson-center.org/；协商式民意调查，http://cdd.stanford.edu/polls/docs/summary；学习小组，http://www.thataway.org/。

第三章
协商民主操作指南

本章阅读重点

★ 协商民主的抽样应该注意哪些问题？

★ 如何保证讨论的质量？

★ 民主协商的成果如何影响公共政策？

★ 如何结合实际情况，因地制宜地开展民主协商？

在前一章中，我们介绍了不同形式的协商民主在操作程序上的异同，指出每种形式都有自己独特的制度设计。其实，即使是同样的程序和步骤，由于各种形式本身的特点和要求，在具体操作过程中也会有很大的差别，本章就深入这些细节之处，为读者提供一个操作指南。需要说明的是，本章的安排不是像上一章那样将四种协商民主形式分开来介绍，而是按照步骤来介绍，主要的考虑是这些步骤从技术性的角度来讲其实是通用的，各种协商民主形式之间是可以借用的。我们可以将它们看做机器的零部件，在保持某种特定协商民主形式基本框架不变的情况下，因地制宜地选用这些技术组件，以便更好地实现协商的目标。

一 如何形成议题

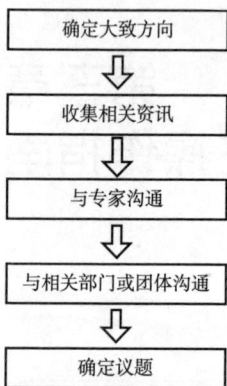

形成议题是任何形式的协商民主首先要做的事情，一般而言，议题的形成包含五个基本步骤：1. 确定大致的方向。任何一次协商民主的实践都有某种契机，要么是行政部门碰到了某个有争议的核心问题，要么是公民社会对某个问题特别关注。但是，仅此是不够。刚开始提出的议题方向，经常界定不清楚。因此，有意发动协商民主的行政机关，可以从行政需求和政策决定的角度出发，指出议题领域最关键、显著的问题，然后，通过进一步的工作，将这个大致的方向一步步清晰化，使之聚焦为特定的议题。2. 收集相关资讯。这些资讯既包括学术界现有的研究成果，也包括实务部门的相关报告。3. 收集与该方向相关的学者专家，并选择若干专家进行沟通。4. 与相关部门或团体沟通，听取实务部门的意见，了解他们在实际工作中碰到的问题和困惑。5. 在此基础上，确定议题。

在议题形成问题上，需要注意以下几点：（1）由于不同形式的协商民主在适合处理的议题性质上存在差异，因此，在议题形成的具体操作过程中，它们之间还是存在差别的。例如，在四种协商民主模式中，公民会议所涉及的技术层次是最高的，因此，在议题的形成过程中，公民会议的要求也最高，它在2、3、4这几个步骤上会投入更大的精力和更多的时间，以保证议题的质量。

图 3-1 议题确定流程

| 确定大致方向 |
| 收集相关资讯 |
| 与专家沟通 |
| 与相关部门或团体沟通 |
| 确定议题 |

（2）此处所说的议题形成还只是指最初阶段的议题形成，实际上，随着工作的展开，在后面的议程安排过程中，议题还需要进一步细化。而且，公民会议的参与者也具有议程设置的主动权（其他三种协商民主形式一般不具备这一特征），他们也可以设定想要探查的议题，但核心议题则是必须要讨论的"指定议题"。例如，在台湾地区举办的"全民健保公民会议"中，公民们可以自行提出"如何减少医疗浪费、提升医疗质量"这类他们所关心的议题，但不能拒绝讨论"如何解决全民健保的财务危机"这个议题。

（3）议题讨论的范围必须明确，切中议题的核心，而且，不同政策选项所涉及的争议范围既不宜过于宽泛，也不宜太过狭隘，应保持充分的弹性，留出适度的空间，以便让参与者能通过讨论发展出新的政策建议。例如，台湾地区开展的"奇岩新小区开发计划公民陪审团"设定了两个议题：1. 公共设施的质与量。这包括预定地是否应作为公共开放空间，整体小区规划之道路、公园配置、绿带规划、停车场规划等议题，以提高小区生活质量。2. 新小区对整体环境之影响。这包括小区开发计划中的住宅限高、地质敏感、水文影响、交通冲击等因为新小区开发所带来的整体环境影响。

二　如何组建执行团队

组建一个公正而高效的执行团队是协商民主成功的组织保障，这项工作必须注意以下几点：第一，严格来讲，执行团队包括两个部分：一是秘书处，二是执行委员会。它们各有分工，前者负责项目的启动、执行委员会的组建和项目监督；后者负责协商民主的具体操作，如议题的提炼、议程的安排、阅读材料的撰写、公民小组的挑选等。这些重大决策，不宜由接受政府机构委托的执行团队（即秘书处）来决定，而应该由包含各种不同立场的执行委员会来讨论，以避免造成偏袒，让特定一方的观点支配了会议的讨论。

第二，不同的协商民主形式对执行团队的要求存在差异。例如，协商式民意调查的执行委员会就特别强调媒体的重要性，每次都会邀请媒体加入执委会，而其他形式的协商民主则不一定，有时甚至刻意回避媒体。协商式民意调查的执行委员会还有一个特殊之处，那就是民意调查机构的介入，因为它有一个特殊的环节——对参与者进行前测和后测，并对相关数据进行分析。其他形式的协商民主则没有这样的要求。

第三，在不同的社会政治背景下，组建执行团队的方式会有很大的不同，一般来讲，在国外，即使是由行政部门发动的协商民主，它也会委托社会机构来具体操作，而不会亲自操刀。例如，加拿大不列颠哥伦比亚省的公民会议是由该省政府部门发起，却委托西蒙弗雷泽大学的前校长杰克·布兰尼来主持整个工作。但在中国，由行政部门发动的协商民主一般是在党和政府相关部门的直接领导下开展工作。例如，浙江温岭的几次试验，均是在当地镇党委和镇政府的领导下进行的。中国台湾地区的协商民主基本是参照国外的经验，例如，代理孕母公民共识会议执行委员会就委托台湾大学社会学系副教授林国明担任计划主持人，负责执行委员会的工作（见表3-1）。

第四，执行委员会的成员，除了计划主持人（执行机构的项目召集人）之外，通常还包括政府机构代表、学者专家和相关团体代表。执行委员会成员的挑选，应该全面考虑专长的互补性、立场的多元性和代表的周延性。例如，代理孕母公民会议的执行委员会成员，包含生殖医学、民法、医疗伦理和女性权益等各领域的专家代表。[①]

表 3-1　代理孕母公民会议执行委员会成员的构成

成员	身份	代表性
林国明	台湾大学社会系副教授	计划主持人
陈东升	台湾大学社会系主任，二代健保公民参与组召集人	协商民主专家
李国光	马偕医院妇产部主任	生殖医学
陈惠馨	台湾政治大学法律系教授	法律
蔡甫昌	台湾大学医学院社会医学科助理教授	医疗伦理
卢孳艳	阳明大学小区护理研究所教授，女学会会长	女性权益保护

第五，执行委员会的任务是决定公民会议的重大事务，监督公民会议的进行。其主要工作包括：界定讨论的范围，决定挑选公民小组的方法，确立提供给公民小组的阅读材料，提出预备会议和正式会议的专家名单。执行委员会的会议主席通常由计划主持人担任，会议决定以共识为原则。执行委员会总共必须召开四到五次会议，实际次数视筹办进度而定。那么，这些会议讨论什么问题呢，我们可以以台湾地区举办的"奇岩新小区开发计划公民陪审团"执行委员会的会议议程为例来说明这一点。[②]

---

① 台湾"行政院"青年辅导委员会编印《审议式民主公民会议：操作手册》，2005，第 11 页。

② 台湾"行政院研究发展考核委员会"编印《行政民主之实践：小区型议题审议民主公民参与操作手册》，2007，第 79~80 页。

第一次执行委员会会议议程

一、 主席致词

二、 执行委员介绍

三、 介绍公民陪审团与执行委员的角色功能

四、 计划工作进度简报

五、 议题讨论

　　1. 推举执行委员召集人

　　2. 确认公民陪审团工作进度安排

　　3. 确定会议议题名称

　　4. 确认核心议题 2~3 个

　　5. 确认议题手册及基本框架

　　6. 提出专家名单

　　7. 讨论公民小组招募方式与抽样原则及宣传单

　　8. 公民陪审团议程初稿

六、 临时动议

七、 散会

第二次执行委员会会议议程

一、 计划工作进度报告

　　1. 公民小组招募情况

　　2. 专家邀请进度

　　3. 指导单位确认

二、 议题讨论

　　1. 审核议题手册及核心议题

2. 公民小组之招募与宣传

3. 场地布置与工作分配

4. 公民陪审团授课专家确认

5. 确认公民陪审团主持人

6. 确认公民抽选时间

7. 临时动议

三、散会

三 如何挑选参与者

对参与者的挑选工作决定着协商民主的成败，如果这一工作做得不好，协商民主的代表性问题就会受到质疑，其效果自然也要大打折扣。我们可以按照样本大小和抽样方式两个指标对四种协商民主形式进行分类：

表 3-2 协商参与者的挑选方法

	小样本	大样本
非随机抽样	愿景工作坊	
随机抽样	公民陪审团、公民会议	协商式民意调查

我们看到，除了协商式民意调查之外，其余三种均是小样本；[1]除了愿景工作坊之外，其余三种均是通过随机抽样的方式来挑选

---

[1] 当然，也有例外的时候。例如，德国的计划圈属于公民陪审团类型的协商民主，但是，其参与者规模比美国的公民陪审团大得多。1989 年至 1990 年进行的一个关于数字网络技术的计划圈项目，参与公民就高达 500 人。计划圈承办单位主席丹尼尔认为，抽选如此多的公民可避免美国公民陪审团经常会碰到的代表性不足问题。G. Smith and C. Whales, "Citizens' Juries and Deliberative Democracy," *Political Studies*. Vol. 48, Issue 1, 2000, pp. 51–65.

参与者。因此，我们下面先对愿景工作坊挑选参与者的方式进行说明，再简单介绍随机抽样。

1. 非随机抽样

愿景工作坊的参与者（25~30 人）是通过非随机抽样的方式产生的，具体言之，他们是通过社会网络或专业网络邀请而来，这一点和公民会议与公民陪审团完全不同。这可能与其议题特征相关，愿景工作坊的基本目标是针对一些地方性议题提出未来可能的发展图景，议题的利益相关者比公民会议和公民陪审团明确，所以，一般是以所有当地公民为潜在的邀请对象。当然，愿景工作坊也将当地政府官员、技术专家、商界人士等列为受邀参与对象。在很多时候，甚至仅仅只邀请利益相关方。例如，1997年在西班牙举办的 4 场愿景工作坊中，毕尔巴鄂（Bilbao）市的愿景工作坊（1 场），其参与者仅仅是建筑师；卡斯蒂利亚－莱昂（Castilla-León）地区的愿景工作坊（3 场），其参与者则为市政府代表、煤矿公司、工会、训练与研究中心专家、区域矿业管理部门、区域就业与教育管理部门。它们都没有将普通公民纳入参与者的行列。[1] 如果是在公民会议或公民陪审团中，利益相关方恰好是应该被屏蔽在协商过程之外的。在公民陪审团中，他们是不能担任陪审员的角色的，最多只能以证人的身份提供证词，并回答陪审员的询问。也就是说，他们无法参与协商过程。相反，愿景工作坊让这些人聚集在一起，以理性的原则相互沟通与理解。

2. 随机抽样

相形之下，其他三种协商民主形式都是采取随机抽样的技术来选取参与者，它们也常常因此标榜自己是建立在科学的基础之上。

在随机抽样过程中，首先应根据具体情况设定若干范畴（如教育程度、年龄层和不同性别）预定抽选的人数，再从符合条件者当中随机抽选。在抽样技术上，这叫作分层随机抽象。对全国性的议题而言，如果作为分层的社会范畴是人口变项的话，那么，在设定每一分层预定抽选人数时，应该同时考虑该社会范畴"占全国人口的比例"和"占报名者比例"两项因素。

在进行分层抽样时，先以最重要的变项作为第一层。例如，如果我们认为教育程度是影响人们对该议题最重要的变项，就先以教育程度分层，抽取不同教育程度的预计人数，检视首轮抽样名单在其他重要变项（如性别、年龄）的分布状况和每一分层预定抽选人数是否相符，然后调整至符合或接近预期人数。

分层抽样所依据的人口统计学特征必须由执行委员会讨论。执行委员会也可以制定其他适当的抽选原则。实际的抽选工作过于烦琐，可以由执行团队根据执行委员会通过的原则进行，但过程必须录音或录像，保留记录，以昭公信。

抽选完成后，应立即通过电话或面访的方式，联络抽中的公民，并在召开会议前，与公民保持联系，确定他们能否参加会议。如果不能出席，则从符合社会范畴特征者（如相同性别、教育程

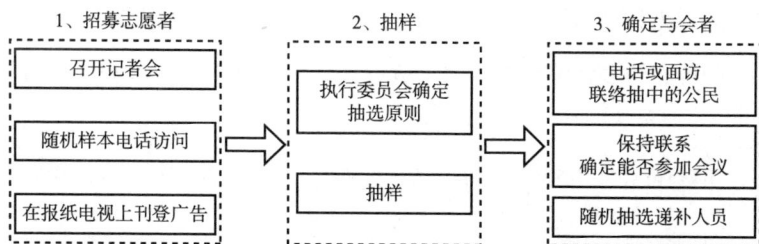

图3-2　随机抽样

度和年龄组）当中随机抽选来递补。

当然，在具体操作过程中，可以因地制宜进行简化，例如，2006 年浙江温岭泽国镇城镇建设预选项目协商民主恳谈会在抽样时，主要按照本地人口和外来人口两个范畴进行抽样。代表的产生分三个层次：一是民意代表的产生。用随机抽样的方法产生，按全镇人口总数的千分之二分配到全镇 97 个村居，从 12 万人口中，抽选出 237 名代表。其中最小的村有 1 名代表，最多的村有 5 名代表，这样保证了每村都有代表的参与。二是参议代表的产生，组织者随机从规模企业中的外来员工中抽取代表 12 名。三是人大监督员。由镇人大主席团推荐产生五名代表。①

在抽样过程中需要注意几个问题。1. 如何保证样本的代表性？分层抽样技术当然是一个重要保障，它可以使样本在职业、居住地、性别、教育程度等方面都和母体比例相似。但是，经验表明，这种代表性会受到出席率等因素影响。例如，1996 年由美国德州大学等单位举办的全国协商式民调，参与者虽然是随机抽样产生的，但真正参与协商的比例却只有原来样本的 36%，因此，他们的代表性便遭受质疑。②

2. 尽管公民会议和公民评审团也是通过随机抽样来挑选参与者，但其挑选原则可能与协商式民意调查不一样。如果说协商式民意调查更强调人口统计学特征（如年龄、性别、教育程度、职业、居住地区）的样本代表性，那么，公民会议和公民评审团则因其规模较小，更强调观点的多元差异。因此，执行委员会必须思考：哪些因素会影

---

① 何包钢:《协商民主：理论、方法和实践》，中国社会科学出版社，2008，第 115~116 页。

② 黄东益:《审慎思辩民调——研究方法的探讨与可行性评估》，《民意研究季刊》2000 年第 211 期，第 123~142 页。

响人们的观点？是否有足够能代表这些因素的人被吸纳进来？

3. 如何保证参与协商的代表具备协商能力和协商的意愿？为了保证这一点，三种形式的协商民主都需要征求参与者的意愿，不过，协商式民意调查一般是在抽样之后再征求被抽中的公民是否愿意参加协商。而公民会议和公民陪审团则采取事前控制的方法，先通过各种渠道进行宣传，如：召开记者会，随机样本电话访问，在报纸电视上刊登广告，招募志愿者，然后再从这些志愿者中进行随机抽样。在招募志愿者时，必须清楚地说明举办公民会议或公民陪审团的目的、讨论主题、会议时间、参与者的义务（全程出席）和酬劳。如果所讨论的议题是最基层的社区议题，考虑到抽样的母体过小，也可以采取报名方式和随机抽样相结合的办法，以保证更多有参与意愿的民众加入，使会议能够顺利进行。

当然，这种事前控制的方法也有其风险，报名者的结构性特征可能和整个社会的结构性特征存在较大偏差，这就需要在抽样时通过某种方式来加以矫正。例如，台湾地区的全民健保公民会议就出现了这种情况。在 425 位报名者之中，高中职教育程度者仅有 119 人，占 28%；其余 306 人的学历均为大专以上。但是，台湾地区整个人口的教育程度，高中职以下占约 70%，大专以上教育程度占约 30%。如果简单地以整个人口的教育程度为指标来设定抽样比例的话，预定抽选的总人数为 20 人，大专以上教育程度在这个人口中所占的比例为 30%，因此，应该抽取大专以上教育程度者 6 人，但是，大专以上教育程度的报名人数是 306 人，这意味着他们被抽中的概率仅为 2%；同理，高中职及以下的报名者被抽中的概率则为 12%，这意味着报名者因教育程度的差距而有概率悬殊的参与机会。因此，在决定每一分层的抽选人数时，同时考虑该分层"占整个人口的比例"和"占报名者人口的比例"

两项因素，以各占 50% 的比重来计算。

4. 公民会议和公民陪审团是以不具有专业知识，以及平常无法通过团体代表渠道来表达意见的普通公民作为参与主体。因此，议题所涉及的领域的专家和相关利益团体的领导干部应该被排除在参与者之外。

实例一："花莲市民参与预算编列公民论坛"招募广告

花莲市民参与预算编列公民论坛

邀请您来参加，让公民参与影响政策！！！

财政为庶政之母，万事非财莫办，地方事务的施展，首须自治财源的充裕与不断的支持始能为功，否则，难以发挥健全的自治功能。然而，近来地方财政日益困窘，衍生许多的问题，诸如：支出规模膨胀、资源配置无效率、开辟财源困难、负债不断增加、财政不断恶化等。虽然许多专家学者纷纷提出建言，但仍缺乏让一般民众参与的管道。有鉴于此，东华大学公共行政研究所采取协商式民意调查的方式，提供民众发声的机会。协商式民意调查是国外行之有年的公民参与方式，目的在于提高一般公民对于公共政策的参与、让一般公民能够在参与过程中获得充分信息的情况下进行协商讨论，并促成社会公众对于议题进行广泛与理性的辩论。

协商式民意调查的召开，主要是以公民论坛的方式进行。本次论坛将讨论预算的编列方式，应采"量入为出"或"量出为入"的原则。在会议中将邀请专家学者向与会者介绍相关背景信息，并经由参与者之间的讨论激荡，及与学者专家相互对谈，以对本议题有深入的了解。本次会议预定于○○月○○日（周六、日）召开，并以花莲市年满二十岁的市民为召募对象。

> 主 办 人：○○○（国立东华大学公共行政研究所教授）
>
> 联 络 人：○○○（花莲市公所主计室主任）
>
> 联络电话：○○○○○○○
>
> 联络地址：花莲市中福路 177 号

报名表：

姓　　名：	性　　别：
年　　龄：	教育程度：
联系方式： 电　话： 电　邮：	
通讯地址：	邮　编：

实例二：高雄市跨港缆车公民会议参与者的抽选

计划抽选参与者的总人数为 20 人，经过将近一个月的招募，共有 145 人报名。主办单位采用分层抽样的技术来抽选参与者：先按照报名者的教育程度、年龄和性别分层排列名单，然后分层抽取特定的人数。每一分层的抽选人数，按照该分层"占高雄市人口比例"和"占报名者人口比例"两个因素来计算。

最后所抽取的 20 位公民，性别分布，11 位男性、9 位女性；年龄分布，20~29 岁 2 位，30~39 岁 5 位，40~49 岁 5 位，50~59

岁有 6 位，60 岁以上有 2 位；教育程度，2 人研究生以上学历，8 人大专以上学历，5 人高中以上学历，5 人高中以下学历。职业的分布非常广泛，包括家庭主妇，教师、计算机工程师、书店经理，补习班负责人和广告公司员工等。与高雄市的人口特征比较，只有年龄结构和教育程度方面稍微偏高，但差距并不大。

3. 面访技术

在小区型议题上，常常会对部分抽中的民众采取面访的方式，一方面征询他们参与讨论的意愿，另一方面也可通过亲自面访增加民众好感，以降低被抽中但不参加会议的情况发生。

在面访之前，应先行寄出家户抽样拜访信函，告知社区民众本团队将进行拜访，以提高面访的成功率。与此同时，必须提前对访员进行培训，使他们了解此次会议的内容，以及协商民主的基本精神。制定家户抽样访员手册，对访员进行分组，两人一组进行面访。下面是台湾地区举办的"奇岩新小区开发计划公民陪审团"的访员手册。①

家户抽样访员手册

本计划全名为"奇岩新小区开发计划公民陪审团"

计划目的：

此次会议为小区第一次举办公民陪审团会议筹备，议题也是台北市第一个生态小区，希望透过此次会议能将此案例成为未来

---

① 台湾"行政院研究发展考核委员会"编印《行政民主之实践：小区型议题审议民主公民参与操作手册》，2007，第 87~89 页。

全台之典范，广纳小区内不同意见之呈现，并凝聚共识提出属于奇岩小区版的开发计划主张。

核心议题

议题一：公共设施的量与质量

国中预定地是否应作为公共开放空间，整体小区规划之道路、公园配置、绿带规划、停车场规划等议题，以提高小区生活质量

议题二：新小区对整体环境之影响

小区开发计划中住宅限高、地质敏感、水文影响、交通冲击等因为新小区开发所带来之整体环境影响

会议召开时间：（三日需全天参加）

1. 2007 年 7 月 7 日（周六）上午 9 时至下午 4 时

2. 2007 年 7 月 8 日（周日）上午 9 时至下午 4 时

3. 2007 年 7 月 14 日（周六）上午 9 时至下午 4 时

会议地点：清江国小校史室

访员携带物品：手机、地图、公文、报名表、登记表、公民陪审团问答

一、流程：

规划路线—按电铃—自我介绍—说明来意—询问意愿—留下联络电话及基本数据—汇报结果

二、询问方式：

1. 访员到达受访点时，可以先出示公文和报名表，以亲切的态度与居民沟通，表明本人身份并说明来意，询问其家中是否有人可参加会议。

访员开场白范例：

您好，我是奇岩小区发展协会的访员（世新大学的学生），耽误您一些时间，目前奇岩小区发展协会与世新大学合办了一场

"奇岩新小区开发计划公民陪审团"会议，会议将讨论奇岩新小区开发计划，包含公共设施质量及都市防灾等重要问题，希望透过公民陪审团的讨论模式，邀请小区居民对于此一开发计划进行对话与讨论。所以希望您或是您的家人可以参加，与其他参与之小区居民一同研讨可行的小区规划方向、形成共识观点并作出最后的政策建议，提供台北市政府作为决策之参考，会议将于七月7、8号及14号举行，不知您的意愿如何？

2. 若同意参与，请他留下姓名、联络电话、年龄、性别及教育程度；若不同意，留下报名表给他参考，若想参加可来电报名参加。

3. 离开时，向居民道谢，谢谢他们接受访问。"谢谢您接受我们的访问，不好意思打扰了"。

4. 若遇访员无法访问时，在访员表上注明无法访问的理由。

5. 最晚时间于9点00分结束，访员集合，汇报今天成果并交换访问心得。

三、注意事项：

1. 笑脸迎人，纵使被拒绝仍应礼貌地说抱歉，以保持良好的关系。

2. 事先准备好较为顺路的路线，以免浪费太多时间在车程上。

3. 由于是夜间访问且路况不熟，注意行车安全。

4. 勿进受访者家中，保护自身安全，互相照应。

5. 突发事件的处理技巧：

（1）受到居民之强烈质疑时，立即请他们打电话给小区发展协会○○○执行长，电话：○○○○○○○○○○○○。

（2）若受访者询问费用：全程参与将补助出席费。

四 如何做好会议前的各项准备工作

1. 如何撰写和发放阅读材料

（1）议题手册的撰写

为了让参与者对讨论议题的性质和争议有所了解，执行委员会必须提前为参与者准备相关阅读资料，即通常所说的《议题手册》，供公民小组成员阅读。《议题手册》通常会包括两个部分：一是介绍协商民主这种新的民主形式，使与会者对即将参加的讨论之性质有充分的了解；二是关于所要讨论的议题本身的相关背景的介绍，以及关于议题的不同见解与观点。《议题手册》应浅白易懂，避免深奥的术语，它通常会列举三到四种解决相关问题的方法，呈现不同的价值、论点及所根据的基本事实。当然，要确保数据的准确和观点的客观、平衡与中立。这样，就可以为与会者提供一个基本的思考框架，使人们能够花较少的时间了解复杂的议题，并提醒与会者要平衡地反思不同的观点。

当然，不同的协商民主形式和不同类型的议题对于《议题手册》的要求也是有所差别的。关于协商民主本身的介绍和议题相关背景的介绍，这两个内容是所有形式的协商民主的材料中都应该具备的内容。但是，关于议题的不同见解和观点这一部分，在不同类型的协商民主中可能会采取不同的表现形式。例如，公民会议、公民陪审团和协商式民意调查中，可能会采取专家方案的形式；但在愿景工作坊中，则会采取剧本的形式。另外，在协商式民意调查中，一定要设计一套问卷，但在其他的协商民主形式中则不一定。

就《议题手册》的资料丰富程度来说，不同的协商民主形式程度不一。公民会议和公民陪审团提供的阅读材料最丰富，通常包括：说明议题性质和相关的维度，介绍不同政策选项的优劣得失，以及议题所牵涉的价值与利益冲突。愿景工作坊和协商式民意调查的议题手册较为简略。愿景工作坊的阅读材料着重于说明议题的性质，协商式民意调查的议题手册则聚焦在不同政策选项的优劣得失。

以 2006 年台湾地区举行的"淡水河整治愿景工作坊"为例，《议题手册》共分四章，共约 50 页。第一章为"淡水河整治"愿景工作坊简介，介绍什么是"愿景工作坊"，以及为什么要讨论淡水河治理这个议题；第二章介绍淡水河污染整治面临的挑战，使愿景工作坊的参与者能了解淡水河治理议题所面临的问题与现状；第三章介绍各国河川污染整治模式，使参与者对淡水河治理议题本身具备基本的知识；第四章介绍愿景与剧本。①

由于篇幅的限制，此处不附《议题手册》的样本，有兴趣的读者可以在上一章最后"推荐阅读材料"介绍的网站上下载。如果要撰写议题手册，还有一个网站值得一去：www.nifi.org。这是美国的一家非营利组织"国家议题论坛研究中心"（National Issues Forum Institute）创办的一个全国性论坛网络，在过去的 30 年中，NIF 网络提供了超过 70 个主题的议题手册，议题的涵盖面相当广泛，教育、青少年暴力、金钱与政治、治理、赌博、移民、种族和族群问题、恐怖主义等均在其中，② 可以作为我们撰写议题手册时的参考。

---

① 台湾地区"行政院研究发展考核委员会"编印《审议民主公民参与操作手册：县市型议题》，2007，第 31~32 页。
② 约翰·盖斯提尔、彼得·列文：《审议民主指南——21 世纪公民参与的有效策略》，刘介修、陈逸玲译，群学出版有限公司（台北），2012，第 98 页。

（2）专家方案

专家方案是针对所要讨论的问题，请相关研究领域的专家制订的各种可能的解决问题的方案。这些方案是供参与者讨论的，因此，它需要将针对各种方案所作的论证和反驳一一列出，以便参与者在讨论时参考。

表3-3　"欧盟移民问题协商式民意调查"关于"如何应对合法移民"的专家方案 [①]

政策选项	支持方的论证	反对方的论证
1. 零移民——杜绝任何人通过移民方式进入欧盟	● 不断上升的失业率意味着欧盟无需外来工人，工作机会应该给欧盟国家自己的公民 ● 对欧盟本国工人提供训练，使之具备新的技能，这足以填补技术鸿沟和工作空缺 ● 杜绝外来移民可以降低花在移民身上的额外负担，从而提升住房、医疗等方面的公共服务 ● 外来移民会使社会碎片化，对欧洲的生活方式构成挑战，因为他们来自不同的国家，承载着迥异的历史、文化和宗教传统	● 欧盟的边界永远不可能密不透水 ● 通过边境控制的手段阻止非法移民进入欧盟，其成本奇高无比 ● 杜绝外来移民解决不了欧盟由于人口变化所产生的问题，并妨碍经济的发展 ● 对欧盟本国工人提供训练不足以填补技术鸿沟，尤其是公共服务部门的不足 ● 反对外来移民的政策将产生负面的认知，将移民视为社会的威胁 ● 混合的、多样化的人口结构是社会的财富
2. 配额制：对每年进入一个国家的外籍工人的人数实行总量控制，这也可以通过伙伴关系来实现：利用双边或多边协定来满足一个国家对外籍工人的需求	● 这可以通过提高劳动力总量的方式降低欧盟人口变化对经济的不利影响 ● 这可以同时满足欧盟各国对技术要求较高的工人和技术要求较低的工人的需求 ● 这可以让政府更好地对公共服务进行规划，因为他们清楚地知道需要多少额外的工人 ● 通过严格控制移民数量，可以控制社会碎片化威胁欧洲生活方式的风险	● 配额制是一种笨拙的工具，我们很难准确地把握好配额的额度，使之正好满足国家的需求，并适应不断变化的经济环境 ● 在这种制度之下，外籍工人的技能不一定能满足企业对特定类型工人的需求 ● 这种方法无法满足欧盟为了保持竞争优势对高技术工人的特定需求

---

① Centre for the Study of Political Change, *A Deliberative Polity-Making Project*, 2009, pp. 10–12.

政策选项	支持方的论证	反对方的论证
3. 选择性移民（政府导向）：通过计分制度来决定谁能移民，分数计算的标准是看移民者的教育程度、语言能力、年龄和其他指标	• 这种制度可以让欧盟各国选择移民的类型，使之能化解欧盟人口变化所致的劳动力短缺和技术不足 • 这种制度可以让欧盟各国选择那些能成为"好公民"并对经济作出贡献的移民 • 这可以让政府更容易提供适当的公共服务，因为他们清楚地知道有多少外籍工人需要住房、医疗等服务 • 这可以让公共服务的供给变得更从容，因为政府能挑选最急需的外籍工人来填补相关产业的缺口	• 这种制度会给政府增加行政负担，因为它需要对准备移民者的技能进行评估，并给他们分数 • 很难知道一个国家在某个时候需要什么样的技术工人，而且经济领域的各种变化会改变这些需求 • 这种办法可能会造成需求与供给之间的错误配置 • 这种办法没有考虑到某些领域对低技术工人的需求，而低技术工人占了移民的绝大部分
4. 选择性移民（企业导向）：由企业来决定他们需要什么样的工人，什么时候需要，特别是那些欧盟比较短缺的技术工人（如医生、工程师）可以采取这个办法	• 这种方法可以保证移民能满足经济的需要，因为企业最清楚他们需要什么样的工人 • 这意味着企业能引进他们需要的技术工人，而不会对欧盟公民的工作机会构成威胁 • 这种办法可以降低融合问题、语言问题，因为高技术工人一般而言更容易融入所移入的社会 • 这种方法比其他方法更易于管理	• 这意味着政府对进入其国家的人控制程度的降低 • 由于这一方法可能导致移民的大量流入，因此，它会造成公共服务支出的大幅度上升 • 公共服务方面增加的开支不是由那些新增工人的受益者（企业）来承担，而是由纳税人来承担 • 企业可能会雇用便宜的移民工人，从而拉低整个工资水平，并抢走欧盟公民的工作
5. 放任主义方式：对移民的数量和类型不进行任何限制，完全由市场来决定，只要这些移民能找到工作	• 这种方法的成本是最低的，诸如签证之类的程序均可免去 • 它可以提高一个国家的竞争力，因为它能让工人的供给更有效地满足企业的需求 • 企业可以非常容易地从世界各地的劳动市场招聘到它所需要的人才 • 新增移民造成的公共服务方面的开支增长由其所纳的税款来解决 • 将工作机会提供给那些想来欧洲工作的人，这可以降低全球不平等	• 外籍工人可能通过更廉价的服务和更长的工作时间抢走欧洲公民的工作 • 廉价劳动力的涌入将导致工资的整体走低和工作条件的恶化 • 企业会滥用这项制度，并侵犯工人的权利 • 政府对人口规模完全不加控制会使得与公共服务相关的规划非常困难 • 新增的外籍工人将提高公共服务的成本 • 这种办法将导致发展中国家的高技术人才不断流向欧盟，从而加大全球的不平等

（3）剧本

剧本是愿景工作坊这种协商民主形式独特的设计。其功能是通过描述未来可能的状况，刺激参与者借助对剧本的批评和讨论，形成自己的愿景。不同的剧本显示未来存在各种不同的可能性。因此，在愿景工作坊提供的阅读材料中必须设计 2~5 个剧本，每个剧本都是一个故事，它包含发生、发展和结尾。它不是简单地对未来某种可能的图景进行描述，更重要的是，它要告诉我们，如何从这里走到那里，我们应该先做什么，后做什么。因此，要写好这个剧本并非易事，它需要做细致的调研工作，至少应该花上一个月以上的功夫来了解各方面的情况，再借助头脑风暴，形成关键情节。① 然后，我们需要自我追问：这些故事就是我们想讲的吗？为了检验这一点，我们需要请更多的人来读一读这些故事，让他们有机会纠正其中的错误，补充新的情节，乃至修正整个故事的发展方向。一旦故事本身的基本结构确定下来，我们就需要回答一个问题：如果我们设计的这些故事中某一个会在未来变成现实，那么，我们今天该为了迎接它的到来做些什么准备工作？② 剧本的形式可以灵活多样，可以采取图片、故事、戏剧、诗歌、表格、绘画等各种形式，关键的一点在于，它要能激发参与者的兴趣，使之积极地参与其中，并创造性地提出新的想法。

例如，2007 年台湾地区举办的"淡水河整治愿景工作坊"准备了三个剧本，以淡水河整治为主轴，分别描述了"筑堤抽水、洪患治理"、"亲水空间、观光游憩"及"清除污染、恢复生态"三套剧本，描述淡水河未来的愿景，并简要列出各自的优缺点。

---

① James A. Ogilvy, *Facing the Fold*: *Essays on Scenario Planning*, Axminster: UK Triarchy Press Limited, 2011, pp. 13–18.

② James A. Ogilvy, *Creating Better Futures*: *Scenario Planning as a Tool for a Better Tomorrow*, New York: Oxford University Press, 2002, p. 176.

通过这三个剧本，刺激与会者进一步思考会议的讨论主题：我们需要什么样的淡水河整治计划？如何整合相关的部门与资源？

实例：淡水河整治愿景工作坊剧本 ①

剧本一：以"筑堤抽水、洪患治理"为目标的整治

阿良今年 26 岁，在银行工作。大学考上了台北的学校，毕业当完兵后就回到台北找工作。在换了一两个工作后，跳到一家银行担任理财专员。因为台北市中心的房价相对台北县来说太贵了，只好在离工作地点有点距离的三重租了一间房子，天天又搭公车又转捷运地通勤上班。每天来回都要花上两个小时的通勤时间，所以每天晚上加班后回家，总是全身无力就倒在沙发上呼呼大睡。终于他下定决心，用工作了三年后好不容易存下的钱，向银行贷款买了小汽车。希望有车代步后，可以节省出门拜访客户、去公司或回家的时间。

某天在气象报导上他看见纳利台风即将袭台的消息，他关好窗、锁好门，做好防台准备后就上床就寝，心想应该可以安然度过。没想到隔天早起却发现外头是汪洋一片，自己的小车已淹没在浪涛之下。他看着车顶百感交集，想到自己辛苦三年的努力全部都付诸东流。而且车子的贷款尚未缴清，还要付上一大笔的修车费，未来几个月的日子应该很难过了。这让他深深感觉政府应该在防洪治水上做更多的努力，不要使老百姓辛辛苦苦赚到的血汗钱掉到水里。

经过当地居民与阿良的共同努力之后，政府果然通过预算进行堤防加高与增设抽水站的工程。从此之后，他很高兴再也没有遭遇到像之前台风淹水的惨事。但是同时他也发现生活出现了一

---

① 台湾地区"行政院研究发展考核委员会"编印《审议民主公民参与操作手册：县市型议题》，2007，第33~37页。编辑对个别词句作了改动。

些意料之外的改变。原本自家里就可以看到辽阔的河面景观。向河上望去，自己的心情也跟着放松了。但自从堤防加高加厚后，眼前就只剩下了一面高耸的水泥墙。假日时经蓝色公路到淡水玩，途中只见两岸都是一座灰白色的长城，台北市景完全被隔绝在高高厚厚的水泥城墙外。顺流而下，虽然知道是在淡水河上，但自己却好像是在一条巨大的水沟里航行。心里感觉有种说不出的怪。阿良心想：这真的还算是条河吗？

以"筑堤抽水、洪患治理"为目标的整治

1. 优点：降低洪患概率，减轻人民财产损失，保障生命财产安全。

2. 缺点：

（1）高耸的堤防破坏景观，减低居民亲水意愿。

（2）截弯取直、筑堤限制河川行水范围，反而使水位暴涨，让其他堤防低的地方受灾，并加速珍贵的水资源流到海中。

3. 和民间可以做些什么：

（1）主管部门相关业务：水道变更、防护与治理计划之拟订、执行及审议事项。水资源调查、开发、利用、保育、经营管理及统筹调配事项。编列防洪整治预算与整体计划。

（2）地方政府相关业务：推动排水建设，解决水患问题。增设管理水门及抽水站设施。执行主管部门所编列之防洪整治预算与整体计划。

（3）民间团体相关业务：检举违法使用河川地，如私耕、私倒废土等阻碍河川行水的行为。

剧本二：以"亲水空间、观光游憩"为目标的整治

杜阿姨是中学老师，一家人住在淡水河畔的大厦里。他们家最自豪的就是从家里的阳台往外望去，就可以看到一片让人心旷神怡的自然河岸。所以对他们家来说，每年固定的盛事也就是在秋天，杜阿姨带着女儿小芳做自然观察，用高倍望远镜欣赏河滩地上候鸟南来北往的迁徙。

后来，政府划定这片河滩地为河滨公园用地。开始在上面兴建许多亲水设施，如溜冰场、篮球场、脚踏车道及荡秋千等。杜阿姨一家人看着河边的工程一天天地进行，心中充满了期待。心里想着完工后的美好景象，自己跟先生可以带着小芳到河边骑脚踏车、散步；周遭小区也可以在这里办活动；青少年可以来从事篮球、慢跑等运动。到时候，这附近的生活机能一定会更完整。果然，在完工后河滨公园即成为小区活动的中心，每天下午都有很多附近居民来使用公园。周围邻居都会把家里的小朋友带来一起玩，父母就在一旁闲话家常。因此，小区的向心力与感情也更好了。

但是，在隔年夏天台风来的时候，杜阿姨惊讶地发现河川水位因为水泥堤岸的兴建而涨得比往年来的高，差点漫过了堤防。而且，市政府所花钱兴建的游憩设施几乎全部都被河水所淹没了。等台风离开的时候，整个公园可以说都变成烂泥一片，一些篮球架、溜冰场也都因为洪水冲击而损坏。原来小区妈妈与小朋友共同精心布置的花园也全部被冲走了。向政府反映后，共花费了两周的时间与很多的预算，才好不容易让公园恢复原有的功能。

到了秋天候鸟来的时节，一家人满心期待着今年会有许多鸟儿来拜访，却发现今年停留的候鸟跟往年相比减少了很多。因为河岸边原有自然湿地面积大半被用来兴建公园，而被水泥以及人工游憩设施所覆盖。剩下的一小块也由于太接近人类的活动范围而让鸟儿起了戒心，不敢多作停留。杜阿姨与小芳看到这幅景象，心中觉得好像有种莫名的失落感……

以"亲水空间、观光游憩"为目标的整治

1. 优点：

（1）增加小区公共空间与市民休闲游憩空间，创造优质生活。

（2）美化市容，让台北拥有赏心悦目的河岸景观。

2. 缺点：

（1）河岸人工设施吞噬湿地，使河岸水泥化，破坏河川生态。

（2）台风来临时，游憩设施易阻滞行水。

（3）风灾后游憩设施易遭破坏，每年皆须编列预算维护与重新整修。

3. 政府和民间可以做些什么：

（1）地方政府相关业务：河滨高滩地（河滨公园）的工程设计、监造、经营及维护管理，蓝色公路码头之维护及河川地美化等事项，观光资源规划开发及管理，公、民营风景游乐区旅游安全督导，游乐区申请设立之核转及管理，各项观光工程兴办计划，地方观光事业及观光社团之辅导，自然保育区域（如关渡自然公园）之经营管理与生态保育工作。

（2）民间团体相关业务：经营蓝色公路，河滨公园认养维护，观光旅游行程规划，观光景点提供服务。自然公园的委外经营、活动设计与教育解说。

剧本三：以"清除污染、恢复生态"为目标的整治

陈奶奶在四十年辛苦工作后终于退休了。她现在唯一的工作，就是当儿子与媳妇都出门上班时在家含饴弄孙，照顾小孙女阿吟。有天下午，陈奶奶看到难得在连日绵绵冬雨后，天边终于露出了久违的暖暖阳光。于是就想带着阿吟到附近的河畔公园去散散步。一翻过河堤，阿吟就很兴奋地往河边跑去，陈奶奶连忙拉住她说："河里很脏，不要过去。"口中虽然这么说，但是心里却是回想自己小时候在河边玩耍的情景。陈奶奶从小就在景美长大，小时候附近都是一片片绿油油的稻田。下课后一大群小朋友总是兴致勃勃、又唱又跳地向着河边走去。虽然大人们总是害怕危险，告诫他们下课后不能跑到河里游泳，否则回家就准备等着挨板子。但对这些小鬼头来说，一看到河兴奋的心情早就足以令他们把父母的告诫抛到九霄云外去。家边小溪就像是天然的游乐场，孩子们在里头抓鱼摸虾、游泳、打水仗，好不快乐。

但心里念头转了一圈，回头看到眼前黑浊浊的景美溪，不禁叹了口气。过了五十年后台北人有钱了，高楼大厦变多了。但对小孩子来说，放学后只能在家里对着电视大眼瞪小眼。原来自然环境就能带来的简单快乐，却再也得不到了。算一算，到底是赚了还是赔了呢？

隔天早上在公园土风舞课下课后，陈奶奶与好朋友谈到了昨天自己在淡水河边的感受，他们兴致勃勃地组成了一个推动淡水河生态恢复的民间团体，运用各种行动唤醒民众对河川的记忆，并游说政府机关。经过了漫长的努力后，陈奶奶的愿景终于被政府所接受，但在实际执行时却遭遇到很多的困难。虽然政府为了消除淡水河的污染，编列了大笔大笔的预算，但因为影响污染的因素实在是太多了，水质与生态情况只能有小幅度的改善。不过陈奶奶并不气馁，她知道守护河川将是一场非一蹴而就的长期抗战。数十年的河川污染不可能在短短几年就清除干净，唯有持续努力才有改变的可能与希望。

以"清除污染、恢复生态"为目标的整治

1. 优点：

（1）还原淡水河自然的动植物生态系统。

（2）拉近河川与人们间的距离。

2. 缺点：

（1）耗时耗钱，成效不明显。

（2）污染来源多样且广泛，执行不易。

3. 政府和民间可以做些什么：

（1）主管部门相关业务：推动河川及海洋水质维护改善计划，利用自然净化及现地处理等方法，优先整治中度污染河段，并加强教育倡导及民众参与河川巡守。加强事业废水管制，执行排放许可及功能评鉴，持续污染源稽查管制。改善生活污水，管制小区污水下水道系统，辅导其正常操作推动生活污水源头减量，定期清理建筑物污水处理设施。进行水资源调查、开发、利用、保育、经营管理及统筹调配事项。

（2）地方政府相关业务：水污染防治，确保水资源之清洁，以维护生态体系。改善生活环境，增进国民健康，要求水污染列管事业依实际情况申请水污染防治措施计划、水污染排放许可、贮留许可、营建工地及土石方堆弃置场径流废水削减计划并应定期申报。规划、设计、施工、营运、管理及维护污水下水道系统。水质管理、毒性化学物质之管理、饮用水卫生管理并进行环境检验分析事项。

（3）民间团体相关业务：河川巡守，组织巡守队，监看水质异常变化与举发违法污染。环境教育与自然生态解说，教育一般民众认识河流的人文历史与自然生态，拉近人与河的亲密关系。

（4）提前发放阅读材料

阅读材料要提前发放到与会者手中。根据所要讨论议题的重要程度和复杂程度，提前发放的时间可以灵活掌握。一般而言，应该提前15天到1个月到达与会者的手中。之所以要提前这么长时间，一方面是为了让与会者有时间消化相关内容，以保证正式会议能高效地进行；另一方面则是为了让那些积极的公民代表们能有时间去查找相关资料，丰富其对议题的认知。并在此过程中与其家人和周围的朋友交换意见，使得一些新鲜的经验和视角能藉此进入讨论过程，从而提升民主协商的质量。

2002 年台湾地区举办的"全民健保公民会议"在这个环节上就存在瑕疵。当时直到距离正式会议前三天才将阅读材料寄到与会者手中，这就使得与会者没有充分的时间阅读，有一位与会者甚至专门请了一天假在家里阅读，尽管与会者的诚心让人起敬，但总体而言，仓促的准备无疑会影响讨论的质量。

在材料寄出后，执行团队需要及时跟踪，通过电子邮件或电话与参与者沟通，确保他们已经收到材料，同时也借此来提醒并督促参与者阅读相关材料。

（5）协商式民意调查问卷的设计与实施

这个环节是协商式民意调查这种协商民主模式的独特设计，将民意调查技术植入协商民主程序之中，因此，它也遵循民意调查问卷设计的一般规律。

什么是民意调查

民意调查是社会科学与政策研究获取信息资料的一种较新方法，在各个国家的国家治理中得到了广泛应用。在很多国家的民主治理中，民意调查是了解公民政策偏好和意见的理想途径，通过民意调查获得的公民意见将作为决策的重要依据。总体上，通过匿名方式调查的公民意见可以确保应答的真实性、有效性和代表性。然而，民意调查实际上是一项科学、中立的工具，它要求调查者或设计者以严谨、客观的态度来应用这一工具，这样才能确保民意调查结论的有效性和中立性。

民意调查问卷设计应注意的几个问题

问卷设计是民意调查的关键环节，决定着民意调查是否有效、可行和科学。通常而言，民意调查的问卷应该根据调查需要来设计。然而，问卷设计应该遵循一些基本原则。

第一，问卷设计应该目标明确，问卷内容要聚焦，避免问卷长度过长。通常而言，问卷内容过长，会导致受访人注意力下降、合作意愿降低、应答质量变差。因而问卷设计应集中在若干调研目标上。由于协商式民意调查的主要目的是测试参与者经过讨论后其观点是否发生变化，因此，这一环节应尽量简短，题目数量尽可能限制在50题以内，调查时间不超过15分钟。

第二，问卷设计应该标准化。问卷设计的标准化指调研者应使用同样的问卷调查不同受访对象，对同一类型题目应采用同样的问法，对同一类型问题应采用同样的量表。标准化的目标是确保调查对象或问题间具有可比性。

第三，问题设计应该要符合生活实践，不应过于抽象或脱离现实。考虑到受访人群的复杂多样性，问题的语言应符合一般大众的知识水平和认知能力，尽量避免使用专业术语，应以日常用语为主。

第四，问题顺序安排应结构合理。一方面，客观性问题与主观性问题应该交错设计，以避免受访人因为访问疲劳而使调查质量低下；另一方面，应以易于回答的问题开篇，以获得受访人合作。

第五，问卷设计应该以封闭性问题为主，辅之以开放性问题。开放性问题通常需要受访人仔细思考，因而数量应该尽可能少，且应该置于封闭性问题之后。开放性问题的提问方式必须中立，以保证受访人有兴趣填写。

第六，对于敏感性问题或可能受到社会预期影响的问题，调研者应该尽可能采取间接提问。对于敏感性问题等，直接提问可能导致较高程度的无回答或回答失真，因而间接提问是了解此类问题的更优途径。例如，直接询问受访人是否参加过集体上访可能难以得到有效答案，如果间接提问受访人"身边是否发生过集体上访"则更容易获得有效答案。

第七，避免带偏见或带引导性的问题。如类似"我市老城区年久失修，成为著名的脏乱差区域，严重影响着我市市容，请问您支持老城区拆迁吗？"的问题即存在明显的引导性。调研者应该陈述老城区拆迁的正面和反面理由，尽可能中立客观地为受访人提供信息。

第八，避免一个问题询问两个主题。问卷调查中每个问题应只询问一个主题，而不是同时询问两个或多个主题。例如，"您对本社区的社会治安和卫生环境的满意度如何？"即存在"一题两问"问题，应该分开询问"社会治安"和"卫生环境"满意度。

第九，问卷设计和问题编排应尽可能简洁明了，方便阅读且容易填写，同一类型问题应该编排在同一部分。一般而言，封闭性问题统一要求受访人勾选答案或填写答案选项编号。

总之，考虑到民意调查的目标差别，调查者应采取不同类型的问卷设计。在民主治理中，应用最广泛的问卷设计类型包括民情调研型、政策咨询型和绩效评估型等。为便于读者理解，下文将列举一些常用的问卷设计方案作为参考，此处的问卷设计以政策咨询型问题为主。

问卷设计举例

1. 您是否知道市政府对本社区的规划?

　① 知道　　　② 不知道

2. 据您所知,市政府将本社区规划为什么类型用地?（可多选）

　① 居住用地　　② 商业用地　　③ 工业用地

　④ 城市绿地　　⑤ 文教用地　　⑥ 公共用地

3. 您觉得当前市政府对本社区的城市规划反映了哪些群体或组织的利益?（可多选）

　① 本地居民　　② 房地产开发商　　③ 外来租房者

　④ 规划设计人员　　　　　　　　　⑤ 政府官员

　⑥ 本地落户的中小企业或单位

　⑦ 本地落户的大企业或单位　　　　⑧ 全体市民

4. 您觉得社区公共事务的决策主要是由哪个机构作出的?（可多选）

　① 街道办　　② 居委会　　③ 业委会

　④ 村委会　　⑤ 物业公司　　⑥ 其他_____

5. 您认为,市政府对 XX 村的拆迁改造对您的居住和生活质量可能带来的影响是怎样的?

| 1. 改善很多 | 2. 改善一些 | 3. 没影响 | 4. 降低一些 | 5. 降低很多 |

6. 您认为,市政府在本地规划的化工产业园区对您的居住和生活质量可能带来的影响是怎样的?

| 1. 改善很多 | 2. 改善一些 | 3. 没影响 | 4. 降低一些 | 5. 降低很多 |

7. 您在多大程度上赞同市政府推行的居委会 / 社区直接选举?

| 1. 非常赞同 | 2. 比较赞同 | 3. 中立 | 4. 不大赞同 | 5. 很不赞同 |

8. 您在多大程度上赞同市政府推行的"维稳"政策,即为维

护社会稳定而加强社会管理，严格控制和打击非法上访，化解社会不安定因素？

| 1. 非常赞同 | 2. 比较赞同 | 3. 中立 | 4. 不大赞同 | 5. 很不赞同 |

9. 为了强化社会管理，市政府计划将城市管理辖区按照一定标准划分成为单元网格，政府通过掌握网格中的各种信息，加强对单元网格的管理和巡查。您在多大程度上赞同市政府所推行的这一管理政策？

| 1. 非常赞同 | 2. 比较赞同 | 3. 中立 | 4. 不大赞同 | 5. 很不赞同 |

10. 为了改善本社区交通状况，市政府计划对社区路面进行全面改造，这将造成为期一个月的交通限行和施工。您在多大程度上赞同市政府所推行的这一政策？

| 1. 非常赞同 | 2. 比较赞同 | 3. 中立 | 4. 不大赞同 | 5. 很不赞同 |

11. 您认为目前所居住的社区在如下方面的状况怎么样？

	很好	较好	一般	较差	很差
1. 社会治安	1	2	3	4	5
2. 环境卫生	1	2	3	4	5
3. 医疗保健	1	2	3	4	5
4. 社区管理	1	2	3	4	5
5. 社区文化	1	2	3	4	5

12. 您对本市政府在下列各方面工作的满意程度如何？是很满意，比较满意，不太满意，还是很不满意？

	很满意	比较满意	不太满意	很不满意
a 环境保护	1	2	3	4
b 收入平等	1	2	3	4
c 就业机会	1	2	3	4
d 教育事业	1	2	3	4
e 民主决策	1	2	3	4

f 医疗保障	①1	②2	③3	④4
g 法治水平	①1	②2	③3	④4
h 干部廉洁	①1	②2	③3	④4
i 政府效率	①1	②2	③3	④4
j 经济发展	①1	②2	③3	④4
k 社会治安	①1	②2	③3	④4

13. 上述各项政策中，您最不满意的是哪三项？

最不满意_____　　第二不满意_____　　第三不满意_____

协商式民意调查的实施

与一般的民意调查不同的是，协商式民意调查要进行两次，两次使用的是同样的问卷。第一次是在会议开始之前，请所有的与会者填写一次问卷，以了解在没有经过讨论的情况下，他们对于相关问题的看法；第二次是在讨论结束之后，请他们再填写一次，以了解他们经过讨论后，对相关问题的看法是否有所改变。两次调查之后，再由专门的人员对两次调查的数据进行分析。

2. 主持人培训

在民主协商过程中，为了保证协商的顺利进行和协商的质量，一般会在每个小组配备一位主持人负责主持讨论，另有一位助理人员协助发言与记录。主持人对民主协商的顺利运转非常重要，其表达能力、主持方式会直接影响与会者的发言踊跃与否、讨论是否有成果。

主持人的主要任务是维持小组的讨论秩序、促进小组成员之间的互动交流、协助小组形成问题。因此，主持人应该熟悉论坛的目的及其进行方式，并让讨论持续进行、聚焦，让每个人都有充分的发言机会。为此，主办单位要设计一份主持人手册，并对主持人进行培训。

主持人主持会议的方式是不干涉会议的讨论，鼓励与会者积极发言，同时要能适时维持讨论的气氛及秩序，避免意见领袖主导讨论过程。为了达到这一目的，主持人需从程序和主持技巧两个方面着手。

从程序上讲，主持人应对每个讨论单元的时间进行分配，一般可以将每个讨论单元分为两个部分：1. 前面一部分为顺序发言时间，例如，主持人可以以如下的方式来确立这一阶段的讨论规则："我们用顺时钟的方式，请每位朋友发表各自的意见，每人大约三分钟左右"。这样就可以让每位小组成员都有平等的机会发表看法，以防止意见领袖或能说会道者主导整个讨论，并导致其他人没有发言机会。在这一过程中，对于擅长表达的人，在发言时间到了之后，主持人应勇于打断他的发言。2. 后半部分为自由发言时间，让大家自由发表意见。在自由讨论阶段，对主持人的主持技巧要求更高。

从主持技巧上，主持人应该具有亲和力，能够领导讨论、协助形成问题。

主持人的开场白很重要。温岭宣传部副部长慕毅飞是一位富有经验的主持人。他在主持一次大组会议中，先用土话说一两句笑话，一下子拉近了主持人与参与者的距离，而且说明他的身份只是主持人，与领导无关，以减少顾虑。他的本事就在于能控制会场，避免冷场，让整个会议气氛热热闹闹。在主持小组会中，有一个最省事、最能引起讨论的方式，就是让参与者讲自己生活上的故事，通过这种讲述自己的真实感受，一下子就可以活跃气氛。①

在主持会议的过程中，主持人只是会议进行的协助者，协助

---

① 何包钢：《协商民主：理论、方法和实践》，中国社会科学出版社，2008，第120页。

讨论秩序的维持和小组成员意见的整合，他（她）不是作为讨论的裁判者。因此，尽管我们要求主持人要熟悉所讨论的议题，但主持人无须表现出自己对该议题比较内行，更不能对于小组成员的意见表示肯定或不悦，以免影响讨论的进行。

尽管主持人应尽量避免发表自己的看法，但他（她）应随时注意小组成员的发言内容是否偏离主题，如果偏离主题应及时拉回，引导讨论聚焦到核心议题上。特别是在自由发言阶段，主持人需要通过启发和引导的方式，让各种不同的意见和多元的声音呈现出来。其中，一个有用的办法是询问参与者与议题相关的个人经验，吸引参与者开始讨论。特别是当议题比较抽象时，个人经验有助于创造讨论的氛围，个人故事也可以帮助参与者透过别人的眼睛看问题。在讨论过程中，主持人需要发挥整理能力，在了解小组成员之前的意见基础上，邀请不同意见的成员交换意见，推动讨论的逐步深入。例如，主持人可以询问："如果你不同意这个解决方案，那你所能想到的、对它最有力的辩护会是什么。"对于那些在小组中属于少数意见的成员或比较沉默寡言的成员，主持人尤其需要对之进行鼓励，适时地拉他们一把，让他们充分地表达自己的想法和观点。例如：主持人可以说："陈小姐，您之前的看法好像与其他组员的讲法有点不同，您要不要再谈一谈？"或是，"林先生您之前不是都很关注这个问题吗，要不要谈一谈您的看法？"

在小组讨论中，经过一小时或数小时不等的讨论之后，主持人通常会对最后一段的讨论进行引导，通常我们称之为反思。在这个阶段，主持人会邀请小组成员找出共识。小组成员需要从团体的角度出发，而不是从个人的角度出发，思考大家就该议题已经取得了那些共同的理解，哪怕只有一小点共识，它也能成为共同的基础，以此为基础继续讨论那些尚未达成共识的问题。①

事实上，以上对主持人的要求是很高的，在很多情况下都是很难实现的。特别是在中国的场景下，职业化的主持人不仅短缺，而且也负担不起。我们最常见的做法是对在校的学生（主要是研究生、博士生）和当地中小学的骨干教师进行岗前培训后上岗。因此，不能对所有的主持人都高标准、严要求。何包钢先生2006年在指导浙江省温岭市泽国镇的协商民主实验时，把小组分为常规组和理性组。分类的主要标准是，理性组的主持人要对参与者进行理性追问，而常规组则不需要，只要能够做到中立即可。理性组的高标准有助于提高协商民主的质量。这是方法上的精品化，但是不利于推广。相反，本土化的粗糙方法可处处推广，但不利于提高协商民主的质量。下面是对两组主持人的不同要求。②

常规组主持人应做到：

1. 主持人应对民意代表强调礼节礼貌。

2. 主持人应保证民意代表在发言时避免过激或粗鲁的用语。

3. 主持人应保证民意代表在每一轮的发言中充分地发言，务必保证每位代表享有充分平等的发言机会和权利。

4. 主持人应鼓励参与者从自身（个人利益、个性化）的角度发表自己的看法。

理性组主持人还应做到：

1. 主持人应鼓励民意代表站在村、镇等大集体，以及考虑他人利益的角度来思考、探讨问题。主持人应积极地促进民意代表为公共利益而展开富有理性的争论。

---

① 约翰·盖斯提尔、彼得·列文：《审议民主指南——21世纪公民参与的有效策略》，刘介修、陈逸玲译，群学出版有限公司（台北），2012，第101页。
② 何包钢：《协商民主：理论、方法和实践》，中国社会科学出版社，2008，第122页。

2. 主持人在支持小组讨论过程中应让参与者说明其观点背后的理由，要谈道理、摆事实、讲证据。

讨论 1：主持人是必需的吗？

大部分的公民会议都会有主持人负责协助公民讨论，但奥地利1997年的公民会议却没有设置主持人。公民代表在预备会议中决定，在正式会议时不找主持人，依靠自己寻求共识。虽然最后并没有产生出一个具体的解决方案，但它却提出了以往协商民主理论家忽略的一点。有些协商民主理论强调在协商时应该设置一位主持人，以协助公民进行沟通，但这在某种程度上恰好和协商民主的理念有冲突：主持人的设置会在一定程度上影响到参与者的讨论，不论主持人在协商过程中表现得多么中立。

讨论 2：请谁来当主持人？

国外的经验是请职业主持人来担任民主协商的主持人，但这个方法代价比较高。在中国，一般会请在校大学生或者当地中小学老师来担任，如浙江温岭、广东等地的协商民主实验均是如此。这种方法可以大幅度降低成本，但可能由于经验不足导致效果打折扣。

无论是职业化的主持人还是在校师生，都存在一个问题：地方性知识的欠缺。在针对社会矛盾而进行的民主协商中，这个缺陷几乎是无法弥补的。

2009~2010 年，广东惠州市某区就外嫁女上访问题举行民主协商，在协商过程中，大学的研究生担任主持人，尽管有公正、中立的效果，但是，主持人不了解村里情况，不懂具体问题的性质和情况，不知道如何化解矛盾。村干部提出，如果由村里的长者来主持，也许效果更好。

---

3. 预备会议

不是所有的协商民主形式都有预备会议这个环节，但在公民会议中，这个环节确是必不可少的。预备会议是在正式召开公民会议之前召开的，次数一般以一至两次为宜。预备会议的目的是让公民小组的成员能相互熟悉，有所互动，并了解他们所要讨论的议题。预备会议通常利用一个或两个周末的时间来安排课程，搭配相关阅读材料，介绍讨论主题所涉及的重要问题。预备会议每一堂课，只由一位老师介绍必要的知识。担任预备会议课程的老师应能系统地将各种观点深入浅出地介绍给与会者，并具备较强的和与会者互动的能力。

与其他三种协商民主模式相比，预备会议的功能不仅仅是向与会者介绍相关的知识，它还有一个很重要的功能：确定正式会议的议程。这是公民会议这种模式比较独特的地方，它给予参与者更多的参与机会和权力。1997 年在奥地利举行的公民会议的预备会议还决定在正式会议中不设置主持人，完全靠公民自己的力量来进行讨论。而其他三种模式的议程设置权力则完全掌握在执委会手中。

4. 会场布置

这项工作是所有会议筹备工作中都必须做的。协商民主的会场布置工作首先要做的是会议地点的选择。其中，最主要的考量标准是会议的规模。如果是常规的公民会议、公民陪审团等，其规模不过数十人，对场地的要求就不是很高，很容易找到合适的会议地点。如果是大规模的协商民主，则对地点的要求较高，不易寻找。无论是常规规模的协商民主还是大规模协商民主，都要求大会议室和小会议室搭配，以保证大会和小组讨论能交叉进行。

在实践中，针对几百人甚至上千人的大规模协商民主，一般有两种方法：一种方法是选择大场地，如运动场、大厅，大组会议与小组会议在同一个场所举行。澳大利亚墨尔本市举行了一个上千人的民主协商会议时，就选择了一个运动场中的大厅。会议场所布置几十张圆桌。每个圆桌为小组讨论的地方。这种方法省去分小组、再集中的时间。但是大规模的会场会在一定程度上影响参与者的讨论。面对巨大的会场、众多的参与者，有些人会感到不自主。

另一种方法是大会与小会分开，小组会议在一个小的场所（如学校教室）举行。小空间不受其他小组的影响，十几人的讨论，使人在心理上不受到压力，更利于深入讨论。但是这种方法需要花费一定的时间使参与者集中到大会场所，又分散到小组会议上。浙江省温岭市泽国镇的民主协商恳谈会就是设在泽国镇二中，用学校的阶梯教室作大会场所，学生教室作小组讨论场所。[①]

在选择场地时，还需要考虑的一些常规问题是距离远近、交通便利与否、硬件设施等，这与其他会议没有什么差别，此不赘述。一旦场地选定，应在事前亲自进行实地考察，以避免类似设备故障情形的发生。而且，考察应提前数日进行，切不可到会议前一日才现场测试设备，否则一旦出现突发情况，就措手不及。倘若设备无法正常运作，主办单位已没有时间更换场地，活动质量将大打折扣。

其次，协商民主与一般的会议相比，有其自身的特点，如理性、平等等要求。这就要求我们在布置会场时，应将协商讨论的规定和原则写在显眼的地方，让参与者能时刻意识到，例如像"注意听取别人意见"、"谈话要具体"、"发言要讲道理"等标语

---

① 何包钢：《协商民主：理论、方法和实践》，中国社会科学出版社，2008，第113~114页。

要写在墙上。如果条件允许的话，可以通过各种现代化设施投影到显示屏幕上。如不列颠哥伦比亚省的公民会议，在所有会议室的墙上都悬挂着宣传画报，宣传相互尊重、心胸开阔、相互包容等基本价值。

再次，小组讨论的会场应布置成圆环形，以示所有参与者的平等，并利于相互之间的讨论，千万不能布置成主席台和观众席的模式。

5. 检查督促工作进展

这项工作是任何一项会议工作所必需的，和其他类型的会议一样，协商民主会议也必须要有详细的任务分配表，以便协调和检查督促。下面，我们以台湾"花莲市民参与预算编列公民论坛"的工作分配表为例来作一个示范。[①]

表 3-4 "花莲市民参与预算编列公民论坛"工作分配

时间	议程	负责人	工作内容
	前置工作	林柏毅、李冠桦	负责接送工作
		史晃任	1. 张贴海报：1 楼及 3 楼引导海报 2. 张贴课程表
		张慧娟	1. 确认计算机及投影设备是否正常 2. 确认麦克风是否正常
		戴川清	负责全日活动之照相工作
09：10~09：30	报到	胡国荃、何俊毅	负责 1 楼引导工作
		林柏毅、李裕华、温意琳、陈丽珠、叶琇华、陈柔羽	1. 负责报到处之签到、问卷及发放名牌 2. 电话联络未到场人员
		蒋旻良、林雅婷	引导参与者入座

---

① 卢威宏：《审议式民主在地方财政之应用：花莲市民对预算编列态度之分析》，东华大学硕士学位论文，2007，第 174~175 页。

续表

时间	议程	负责人	工作内容
09：30~09：45	主办人致辞与活动简介	林柏毅	活动简介及专家演讲之主持人
		卢威宏	活动简介
09：45~10：05	认识花莲市财政状况	史晃任	张贴第一场讲师海报
		萧月珍	第一场主讲人
10：05~10：25	认识地方税课收入	史晃任	张贴第二场讲师海报
		杜晓萦	第二场主讲人
		史晃任	确认参加人数加订便当，并要求厂商于11：40前送至会场（一家乡 8225080）
		卢威宏	确认小组讨论之会场
10：25~10：40	休息	史晃任、胡国荃、何俊毅	准备第一组小组讨论用之桌椅
		李裕华、温意琳、邹英英	引导各组成员至讨论会场
10：40~12：00	小组讨论	李美雪（第一组）、萧月珍（第二组）、杜晓萦（第三组）	小组主持人
		李裕华（第一组）、温意琳（第二组）、邹英英（第三组）	小组助理负责录音及纪录工作
12：00~13：00	午餐	史晃任	播放影片
		陈丽珠、叶琇华、陈柔羽	发放便当
		胡国荃、林雅婷、邹英英	整理及登打各组提问之问题
		卢威宏	汇整及分类各组问题
		史晃任、胡国荃、何俊毅	准备专家答询之桌椅，并铺上专家答询用之桌巾
13：00~14：20	专家答询（一）	林柏毅	两场专家答询之主持人

时间	议程	负责人	工作内容
13：00~14：20	专家答询（一）	曹莉英、张秀珍	第一场之专家
		何俊毅、胡国荃	协助两场专家答询传递麦克风
		萧月珍、杜晓綮、李裕华、温意琳、邹英英、叶琇华、廖南贵、陈丽珠、宋学平、李志郎、蒋旻良、何俊毅、陈柔羽、戴川清	参与两场专家答询之讨论
		李裕华、林雅婷	两场专家答询录音工作
14：20~14：35	休息		
14：35~15：55	专家答询（二）	邱晖晏、饶瑞逸	第二场之专家
		史晃任	确认参加人数加订点心，并要求厂商于15：40 前送至会场（喜悦面包 8337777）
15：55~16：20	问卷填写	陈丽珠、叶琇华、陈柔羽	依编码发放后测问卷
		史晃任、胡国荃、何俊毅	备发放交通费之桌子
16：20~16：30	领取交通补助费	林柏毅、李裕华、温意琳、陈丽珠、叶琇华、陈柔羽	核对问卷内容是否完整，且于现金印领清册签名，并发放交通补助费

五 如何保证会议有效进行？

1. 议程安排

一般来讲，各种形式的协商民主的正式会议议程都是 2~3 天，尤其是公民陪审团，一般要求至少三天时间的充分讨论。先要花一两天时间弄清问题的各种事实及其证据，请各种专家当证人来说明事实的各方面情况。在此基础上，公民再花一两天时间讨论解决问题的各种方法，比较诸方法的利弊，最后拿出一个大家都认可的方案。

就三天的正式会议而言，议程可以作以下的安排。会议的第一天和第二天，先由专家针对公民小组事先拟定的问题作说明，并回答公民小组在会场提出的问题，再由公民小组自行针对各个议题进行综合讨论。公民小组在综合讨论中，针对议题分别发表意见，进行沟通，寻求共识。第二天会议结束之后，公民小组根据讨论形成的共识，撰写成结论报告初稿。

第一、二天的会议，和第三天最好间隔一周，使公民小组有比较充裕的时间来撰写结论报告。会议第三天，由公民小组全体成员对结论报告作确认，检查结论报告的初稿对共识意见是否有遗漏或是扭曲之处。在结论报告正式公布之前，可以安排一个时段，让专家对报告内容澄清误解和修正事实错误的部分，但他们不能影响公民小组所表达的观点。

以 2005 年台湾地区举办的全民健保公民会议的正式会议议程为例。

表 3-5　台湾地区全民健保公民会议议程

第一天（2005 年 1 月 15 日）

时间	议程	与谈人／主持人
9：30~9：40 9：40~9：50	议程安排说明 确定议事规则及工作分工说明	林国明 会议主持人
9：50~10：00	休息	
10：00~12：00	专家对谈 主题：给付范围与给付权利	杨铭钦（台湾大学医管所副教授） 雷文玫（中原大学财经法系副教授） 林惠芳（中华民国智障者家长总会秘书长） 陈宗献（全国医师公会全联会常务理事）
12：00~13：00	午餐	

第一天（2005 年 1 月 15 日）

时间	议程	与谈人 / 主持人
13：00~16：00	专家对谈 主题：杜绝医疗浪费，提升医疗质量	王贞云（台湾医疗改革基金会） 李玉春（阳明大学卫福所副教授） 戴国荣（台湾石油工会秘书） 陈荣基（恩主公医院名誉院长 / 医策会顾问）
16：00~16：20	休息与茶点时间	
16：20~18：00	专家对谈 主题：健保行政管理与监督	朱子斌（台湾医务管理学会秘书长） 沈茂庭（中央健康保险局企划处经理） 滕西华（康复之友联盟秘书长）
18：00~19：00	晚餐	
19：00~21：00	综合讨论及形成初步共识	会议主持人

第二天（2005 年 1 月 16 日）

时间	议程	与谈人 / 主持人
9：00~12：15	专家对谈 主题：增加健保收入	朱泽民（台北商业技术学院教授） 张珏（消费者文教基金会董事） 廖文瑞（台北市产业总工会理事长） 郭永雄（全国工业总会顾问）
12：15~13：00	午餐	
13：00~15：30	综合讨论及形成初步共识	会议主持人
15：30~15：50	休息与茶点时间	
15：50~17：00	形成整体意见	会议主持人

第三天（2005 年 1 月 22 日）

时间	议程	与谈人 / 主持人
09：30~11：00	公民小组认可结论报告	会议主持人
11：00~11：10	休息	—
11：10~12：00	专家澄清事实性错误	
12：00~13：15	午餐	—
13：15~14：45	最后确认结论报告	会议主持人
14：45~15：30	休息与印制结论报告	—
15：30~16：30	公民小组公布结论报告暨颁发感谢状	主持人 林国明副教授 颁发者"行政院卫生署"陈建仁署长

根据议题的复杂程度，也可以采取比较简化的方式，将讨论缩短为一天。以浙江温岭泽国镇 2006 年民主恳谈会的日程安排为例。①

表 3-6　浙江温岭泽国镇 2006 年民主恳谈会日程安排

日期	时间	内容	地点	主持人
3 月 20 日上午	7：50	报到	泽国镇二中校门口	
	8：00~8：40	咨询	泽国镇二中连廊	
	8：45~9：15	预备会议	阶梯教室	王晓宇
	9：15~10：30	召开第一次民主恳谈会，小组讨论	各讨论地点	各组主持人
	10：40~11：40	召开第一次大会集中恳谈，大会讨论	阶梯教室	王晓宇
3 月 20 日中午	11：40~12：20	中餐	泽国镇二中餐厅	
3 月 20 日下午	12：30~14：20	召开第二次民主恳谈会，小组讨论	各讨论地点	各组主持人
	14：30~16：00	召开第二次大会集中恳谈，大会讨论	阶梯教室	王晓宇
	16：00~16：30	召开第三次小组恳谈会，开展小组讨论和问卷调查	各讨论地点	各组主持人
	16：30	返程		

那么，是不是还可以对议程简化，将民主协商的时间缩短为半天呢？ 2005 年浙江温岭泽国镇关于建设资金使用安排的民主恳谈会在讨论议程安排时，当地政府官员就认为半天时间就够了。他们担忧时间太长，老百姓讲不出什么东西。但是，实验的结果表明，一定的时间是保证协商质量的一个基本条件。在这次民主协商恳谈会上，上午分组讨论时，参与者大多考虑的是各个项目的重要性程度。下午分组讨论时，参与者提出不同意见、不同问

① 何包钢：《协商民主：理论、方法和实践》，中国社会科学出版社，2008，第 113 页。

题，甚至为镇政府考虑如何花钱、如何省钱。一位主持人在总结会上也深有体会地说，"上午讨论为自己、本村考虑多，下午为本镇考虑多。下午参与者了解更多的信息，听取其他代表和专家的看法，视野扩大了。开始理解政府的难处，并设身处地为政府着想"。镇长原先反对搞协商民主，认为费时、费人力。但是听了一天的讨论，他改变了原有的看法。他感到一天时间的讨论，使参与者有了三个明显的变化："从不了解泽国镇建设项目到了解，从被动参与到主动参与，从局部眼光到全局眼光。"①

2. 小组讨论

小组讨论需要解决的第一个问题就是如何分组。一般的做法是随机分组，即让参与者通过抽签的方式，被随机分到不同的小组中参加小组讨论。当然，在这一过程中，也可以考虑对每个组的结构性成分进行控制，如每个小组的性别比例、族群比例、本地人和外来人口的比例等，以保证不同的声音在每一个小组中都能得到呈现，保证每个人在讨论过程中都有可能接触到不同的视角和理由，并对之进行反思。

对于复杂的协商民主形态（如不列颠哥伦比亚省的公民会议）而言，分组的问题尤为重要。因为其小组的讨论是多轮次的，前后持续几个月的时间，因此，分组就要注意一个问题，最好每次讨论都重新进行随机分组。这一方面可以使每个参与者都能接触到更多的人和不同的观点、视角，也能防止结构性的固化，从而失去协商的本质。

在小组讨论的具体操作过程中，有两种方法落实细化后的议题：一种是结构化的，把大话题分为多个时间段，每段分别讨论

---

① 何包钢：《协商民主：理论、方法和实践》，中国社会科学出版社，2008，第114~115页。

规定好的小话题，当到某一时段，大会主持人会提醒每个小组只剩下几分钟，必须进入另一个小话题的讨论。澳洲的一次大规模的民主协商会议就是用这种结构化的方法。这种方法讨论的优点是非常有序，缺点是时间不够，讨论无法深入。另一种方法是非结构化的，不规定分段时间，有一定的随意性，参与者可畅谈。浙江温岭泽国镇的协商民主实验中采用的就是这种非结构化的方法，其优点是有助于讨论的深入。①

鉴于协商民主所讨论的议题一般而言都具有一定的技术上的复杂性，而讨论的时间相对来说比较紧张，因此，在分组讨论时，一般会将议题分解为若干分议题，每个小组只讨论其中的一个分议题，这样，就能让小组的讨论较为深入。例如，2001年至2002年，德国疯牛病暴发以后，巴伐利亚州就举行了"规划小组"形式的协商民主，讨论消费者保护议题。该会议共有425位公民参与，分为16个独立的分小组，每个分小组都有自己的主题（如表3-7所示）。②

表3-7　巴伐利亚消费者保护方案的16个单元规划小组结构

单元一 消费者保护简介	单元五和单元六 食品生产 添加物与标识	单元九 产品安全（如手机）	单元十三 消费者职责
单元二 健康与环境		单元十 特殊群体的需求	单元十四 消费者资讯与警示
单元三 健康中的消费者保护	单元七 食品管制与安全	单元十一 广告	单元十五 消费的意义
单元四 营养与农业	单元八 产品安全（如衣物）	单元十二 政治人物报告	单元十六 总结与优先事务安排

① 何包钢：《协商民主：理论、方法和实践》，中国社会科学出版社，2008，第108页。
② 约翰·盖斯提尔、彼得·列文：《审议民主指南——21世纪公民参与的有效策略》，刘介修、陈逸玲译，群学出版有限公司（台北），2012，第147~149页。

在小组讨论中，为了促进相互理解，加拿大发明了下述协商实践的具体技术和过程。

第一步是提出讨论的相关问题，回答相关疑问。会议的主持者作出相关讨论过程的必要准备，例如，说明事实，意见表格和材料及相关专家和利益相关者所作的演讲。为了使所有参与者都能看到，要把这些内容贴到墙上或用投影仪投射出来。

第二步是讨论相关问题的解决办法。在小组讨论中，参与者集思广益，协商各种可能的问题答案。参与者共同或各自设计出解决问题的办法。

第三步是提出各种观点。参与者把每种观点清晰地写在纸上，然后贴在墙上或者在参与者之间相互传递。

第四步是加一些记录意见，写出评论。参与者阅读和考虑每种观点，并在每张纸上的"非常同意"、"同意"、"一般"、"非常不同意"、"不同意"相应的栏下加点建议，并可以写出简要的评论。

重复第二步到第四步。最后形成解决问题的办法。经过讨论、选择、合并、优化，把多种分歧的意见折中为最少分歧的解决方案。①

在这个过程中，一致同意的情况是很罕见的，在绝大多数情况下，小组内部都会出现相左的意见，有时甚至分歧非常大。如果双方争执不下，主持人可以在不扭曲各方意见的前提下，提出折中的建议，引导讨论深入进行。如果经讨论仍无法弥合意见的分歧，可以将不同的意见及其背后的理由记录下来，以备专家问答环节和后续的小组讨论环节进一步深化讨论（见表3-8）。在原则上，小组讨论阶段应力求就争议性议题达成一定程度的共识，无法达成共识的部分则要申明不同主张背后的理由。

① 何包钢:《协商民主：理论、方法和实践》，中国社会科学出版社，2008，第120~121页。

表 3-8　加拿大的意见记录

个人的观点：				签名：
你同意吗？ 完全同意（　）　　同意（　）　　中立（　）　　不理解（　） 不同意（　）　　完全不同意（　）				
优点：	简短评论：		缺点：	

　　小组讨论中经常会出现的一个问题是偏离主题或冷场，为了避免这种情况的发生，可以在培训主持人的时候要求他们针对所讨论的主题，事先拟定次级讨论提纲，这样，通过主持人的适当引导，可以使讨论更易聚焦，不会因为议题本身范围过大而产生天马行空、偏离主题的情况，或者因为参与者本身对议题了解不够而无话可说。更加具体的次级讨论提纲可以刺激参与者的联想，提出更多的问题，从而使讨论能持续而有效地进行下去。

　　在小组讨论阶段，另外一个需要注意的问题是，如何处理协商民主的公开性要求和协商效果之间的矛盾。事实上，有些事务是不适宜公开协商的，如招商事务；有些事务也难于公开讨论，如社会治安问题。[①] 而且，很多人也不适应在摄像机的镜头下发言。如果有摄像机或其他人在旁边，不仅可能会让参与者感到局促，甚至可能会让他们掩藏真实的偏好和意见。因此，在小组讨论阶段，大多数的协商民主实验都是安排为闭门协商形式，不仅没有摄像机在一旁伺候，而且谢绝参观和旁听。在中国的场景下，有时还会有一些特殊的规定，如浙江温岭泽国镇举办的协商民主

---

① 何包钢：《协商民主：理论、方法和实践》，中国社会科学出版社，2008，第108页。

会议，在小组讨论阶段，当地的人大代表和外地的专家学者可以进入讨论现场旁听，但不允许当地官员进入小组讨论现场，以免干扰讨论的正常进行。在这种情况下，参与者可以在一种比较放松的气氛下畅所欲言。当然，也有一些协商民主实践单独安排一间旁听室，以视频方式转播会议，即使会议具有开放性，又不至于让旁听者干扰讨论的进行。

需要强调的是，小组的讨论最后需要进行归纳和整理，并形成问题，以供后面的专家问答环节之用。这项非常繁复的工作由主持人来承担，如果主持人无法对小组讨论进行有效整理并形成问题，那么后续公民小组与专家的对谈势必陷入混乱，后测问卷的质量也堪虑。因此，如何在有限的时间内将散乱的发言汇集成小组共同的问题或意见，这对主持人是一个极大的挑战。为了完成这一任务，一般应给每个小组配备一人做会议记录。会议记录和意见记录表对于小组会议结束后的归纳、整理是非常有帮助的。

3. 专家咨询

专家咨询阶段是在小组讨论的基础上，各小组成员重新回到大会会场，与不同领域和立场的专家学者进行对谈，凝聚全体成员的共识。其具体操作方式一般是先由每位专家用 10 分钟左右时间阐述自身观点，然后回应小组讨论中提出的问题，接下来由公民小组提问，由专家现场回答。专家咨询阶段气氛往往很热烈，在议程时间结束后，公民小组仍会利用下课时间追问专家，公民小组彼此也会相互讨论。

在具体的操作中，有如下几个问题是需要注意的。

首先，有一个技术性的问题需要考虑：控制好小组讨论和专家咨询之间的间隔时间。二者之间的间隔时间如果过长，参与者只能等在那里，浪费了宝贵的时间；如果二者之间的间隔时间太短，会让各小组负责整理讨论问题的工作人员倍感压力；同时，也让专家没有时间充分了解问题，仓促上场会影响咨询的效果。那么，二者之间的间隔时间多长合适呢？这主要看工作小组的应变能力。为了保证工作人员能有效完成任务，在小组讨论时，他们应携带手提电脑，当场记录，这样在小组讨论结束后整理起来就比较省事了。

从实践来看，有的议程安排有意将小组讨论和专家咨询分在上午、下午两个时段，这样工作人员就可以利用午餐时间（一般为1小时）做问题整理工作，并及时将整理出来的问题交给相关专家，使他们有足够的准备时间。当然，也有的议程安排中并没有留出如此足够的时间，在这种情况下，主持人应注意控制时间，在小组讨论结束之前，可以留出10分钟左右的时间来归纳小组讨论凝聚的共识，以及在专家咨询阶段准备提出的问题。

其次，主持人的设置。专家咨询阶段对主持人的要求比小组讨论阶段更高。由于很难找到既有丰富的领导讨论经验、又具备议题所需的专业知识的合适主持人，因此，在具体操作中，可以参考台湾地区先驱性全民健保公民会议的方式，采取两个主持人共同主持的方式，其中一人熟悉议题的专业知识，一人则熟悉领导讨论的技巧，两人相互支援，相互弥补，使专家咨询阶段能进行得有声有色，成果斐然。

4. 讨论技巧

无论是小组讨论，还是在专家咨询或综合讨论阶段，有些讨论技巧是共同的。在此，我们提出两个需要注意的问题。

一是跨文化沟通问题。跨文化沟通有三种情况，第一种是由于年龄、教育程度等原因所导致的不同亚文化群体之间的跨文化沟通问题；第二种是国内不同民族的公民之间的跨文化沟通问题，这种情况在民族地区，或者不同民族杂处地区表现得尤其明显；第三种则是在跨国协商民主的实践中不同国家的公民之间的跨文化沟通问题。

在后两种情况下，跨文化沟通的主要障碍是语言和习俗问题。随着技术的发展，语言问题逐步得到了克服。2007 年 10 月布鲁塞尔举行的大规模协商民意论坛上，来自 21 个国家的近 400 人参加了大会。大会在欧洲议会大厅举行，配备同声翻译，除偶尔技术上出一些小故障，各种语言不构成对协商的障碍。大会分 18 个小组讨论，每个小组有三个语种，也配有同声翻译。[①] 习俗对于协商可能构成的威胁需要引起重视，特别是在民族地区，一言不慎就可能导致协商无法进行下去。即便抛开这个因素，大多数的民主讨论也充塞着分歧、愤怒、冲突、反驳和批评，所以时不时地采用捧场、问候、尊敬和抚慰这样的方式有助于使陷入愤怒与分歧的讨论能继续进行，少了它们会让人觉得冷酷、漠然，甚至于受到侮辱。[②] 因此，在协商中必须强调礼貌和文明用语。

其实，在第一种情况下，也存在语言问题，但这不是由于不同的语言系统所导致的困难，而是由于方言或教育程度所致。尤其是在中国农村，使用方言可以使参与者流畅而准确地表达其观点，推动讨论深入进行，如果强行要求参与者使用普通话，就会对自由讨论构成一定的束缚。因此，在农村进行协商民主试验，最好找当地人做主持人，一方面他能用方言主持会议，用方言与参与者进行有效沟通；另一方面，他熟悉地方的习俗和相关事务

---

① 何包钢：《协商民主：理论、方法和实践》，中国社会科学出版社，2008，第 114 页。
② 艾利斯·马瑞恩·杨：《沟通及其他：超越审议民主》，载谈火生主编《审议民主》，江苏人民出版社，2007，第 110~123 页。

的来龙去脉，能有效地引导讨论深入。这一点在针对社会冲突而开展的协商民主中表现尤为突出。2010 年广东就外嫁女权益问题举行民主协商，在协商过程中，组织者就发现如果由当地人来担任小组讨论的主持人效果可能会更好。

二是讲故事与讲道理的结合。按照协商民主的规范性理想，民主协商应该是一个讲道理的过程，在此过程中，理性应该占据绝对的主导地位，应该尽量抑制个人情感在其中的作用。但是，过分强调这一点是有危险的。由于各种原因，有些人不习惯或不善于以理性或推理的方式来表达自己的观点。如果强行要求，这些人就会在协商过程中被边缘化，这不仅对他们 / 她们不公平，而且会对协商的质量造成损害。尽管在相互讨论和说服时，论证的确是必要的，但是论证绝非政治沟通的唯一方式，完全可以穿插或伴随其他的沟通形式，如讲故事。尤其是在跨文化沟通的情境中，相互误解乃是常事，他们或者是完全不了解自己的对话者是谁，或者是感到自己的需求、愿望和动机没有得到理解。在这种情况下，讲故事就是一个有效沟通的手段。故事不仅包含着讲述者生动的生命体验，让听者为之动容；而且，故事能以强烈的方式将其所蕴含的价值呈现出来，使得局外人能借此理解为什么局内人会将某些价值置于更重要的位置。在这一过程中，故事将特定的视角带入讨论过程，这些不同的视角汇集在一起就产生了任何一个社会位置都不可能提供的集体性社会智慧。例如，拉科塔人就是通过故事而不是论证的方式来告诉南达科他州的其他人，为什么应该停止在黑山的林业开发。他们讲述了那些视黑山为主要象征的神话，以及拉科塔人与黑山同呼吸共命运的故事。①

---

① 艾利斯·马瑞恩·杨：《沟通及其他：超越审议民主》，载谈火生主编《审议民主》，江苏人民出版社，2007，第110~123页。

5. 会议报告的撰写

经过充分的讨论后，各公民小组应撰写会议报告。报告是一组"申论"题，公民小组应将每一子议题已达成的共识和存在的分歧罗列出来，并陈述各种意见背后的理由。

在具体的操作上，当凝聚共识的综合讨论结束后，各公民小组可以推举几位主笔人，或进行分组，根据会议记录来撰写会议报告。会议报告以会议的讨论结果为主，应尽量避免新的意见的渗入，主笔人不应将自己的意见置入其中。在报告的撰写过程中，执行团队可以在行政和编辑方面提供协助，但不能影响公民小组的意见。在这个过程中，应强调各公民小组的独立性，各公民小组亦应有明确的自我意识，以客观总结为主，勿将主观意见掺杂其间。

与此类似，公民会议结束后，公民会议应在各公民小组的会议报告的基础上撰写结项报告。结项报告应包括如下内容：公民会议的整体流程、相关的操作方法、时间安排，以及会议所达成的公民共识性结论。目的是便于政府机关、学术团体和其他团体参考。

6. 会后深度访谈

公民会议结束后，为了解公民参与会议对于参与者的影响，如态度或偏好的改变、政治效能感转化，以及公民对于该议题与会议的感想，通常在会议结束后，执行团队应该采取一对一的方式，对特定的公民逐一访谈。访谈需要注意的问题包括：时间约为一个小时左右，不要太长；访谈前应该做好功课，不仅需要了解访谈对象，而且应该拟好一份详细的访谈大纲，以免浪费宝贵的时间。

六　如何将公民代表协商和公众结合起来？

在民族国家的架构下，协商民主其实是通过抽样的方式，让公民代表以模拟的方式代表普通公众对相关公共议题进行协商，这就引申出一个问题：公民代表的协商过程和结果是否应该让普通公众知晓？普通公众的意见是否应该进入代表的协商过程？如果二者之间应该保持一定程度的互动，那么，具体机制是什么？根据世界各地进行的协商民主实验，我们起码可以看到如下三种形式。

第一，旁听。有些地方举办的公民会议类似于公共论坛，它是向媒体和公众开放的。会议的主办方不仅会邀请一定数量的媒体参加，还会邀请立法、行政部门及相关的社会团体参加，有兴趣的普通民众也可以参与旁听。当然，考虑到旁听可能会干扰协商过程，很多时候主办方会安排一间旁听室，以视频形式转播会议的实况，这样，既保证了会议具有开放性，又不致使旁听者干扰讨论的进行。有些时候，主办方则将闭门会议和视频转播相结合。例如，在加拿大不列颠哥伦比亚省的公民会议中，就是采取二者结合的形式，每次十几个同时进行的小组会议中，会有一个小组采取视频转播的形式，其余则保持闭门会议的形式进行。

第二，电视直播。这种形式一般为协商式民意调查这种协商民主形式所采用。几乎所有的协商式民意调查都会转播（现场或录像）给公民观看。例如，英国在20世纪90年代进行的5次全国性协商式民意调查，均由第四频道电视台编辑转播。这确保了民主协商的公开透明，杜绝其中可能存在的利益交换。有些愿景工作坊和公民陪审团也会采用电视转播的形式，但总的来说是比较少见的。协商式民意调查则从一开始就纳入电视转播，几乎所有的协商式民意调查都会邀请电视公司或广播公司作为联合主办单位。

第三，实体协商与网络协商论坛相结合。[①] 如果说前面两种形式还只是单向度的从公民代表协商到普通公众的传递过程的话，那么，实体协商与网络协商论坛的结合则是一个双向的过程，信息不仅从公民代表流向普通公众，也从普通公众流向公民代表。通过二者间的互动，普通公众的意见直接进入协商过程。例如，美国在 2001 年于北卡罗来纳大学举办的关于基因食品的公民会议中，同时开设了面对面的公民代表协商和网络协商论坛。面对面协商和网络协商论坛都有预备会议，只不过前者是用两个周末完成，后者则是通过若干阶段的在线论坛（每次两小时）来完成的。两者在预备会议期间都设定了正式会议议程，并凝练出向专家提出的问题。在线正式会议也是一样，用一系列均为两小时的单元完成，公民在网页上观看专家提供的回答，并和专家进行实时讨论。面对面协商则是如同一般公民会议，花了 3 天时间，其间专家回答公民的问题，接着再和公民进行交流与讨论，最后则是公民的内部协商。两边的公民在这段预备会议与正式会议期间内，完全不会碰面，因此人们就可以观察在线与面对面两种模式的差异。有趣的是，这两种模式所得出的议题设定与最后的共识绝大

---

① 网络协商论坛是网络时代协商民主的一个利器。就像网络深刻地改变了市场的运作机制一样，它也将深刻地改变政治的运作机制。早在 1999 年，就有人创办了一个致力于网络协商的网站——e-thePeople，随后，meetup.org、MoveOn.org 等网络协商论坛也纷纷建立。还有人设计了专门用来促进审慎协商的软件，如 Unchat。约翰·盖斯提尔、彼得·列文:《审议民主指南——21 世纪公民参与的有效策略》，刘介修、陈逸玲译，群学出版有限公司（台北），2012，第 59 页。今天在中国非常流行的 QQ、微信其实也是非常有用的工具，完全可以用来作为网络协商的平台。

部分都是相同的。①

　　与面对面的协商相比，网络协商有其自身的局限性。网络协商论坛的周期一般较长，网络协商式民意调查一般要花5~6周，每周1~2次，每次1~2小时。时间间隔过久会对团体动力造成一定程度的伤害，参与者可能无法完整记起上周协商过程中出现的论点与讨论。要弥补这一点，将会比面对面协商更加依赖主持人在其中的作用，这对主持人提出了更高的要求。而且，在网络协商论坛上，信息落差、团体极化、不负责任的发言等问题也比面对面协商更为严重。②

　　第四，公民代表协商和普通公众的听证会相结合。网络协商论坛除了周期较长这个弱点之外，它还有一个很大的弱点：其群体特征。一般而言，网络论坛的参与者多为年轻人，且多为教育程度较高者。有很多人群则是基本不上网的，即便是网民，也有很多人是不会参与论坛的。也就是说，由于技术壁垒的存在，很多人是被天然地排斥在网络协商论坛之外的。为了弥补这一缺点，有些协商民主实验采取了公民代表协商和普通公众的听证会相结合的方式，将二者衔接起来。例如，加拿大不列颠哥伦比亚省关于选举制度改革的公民会议就设计了公共听证环节，时间是两个月。全省各地举办了50场关于选举制度改革的公共听证会，要求曾参与面对面协商的公民代表每人必须参加其中的3场听证会，每场听证会会有4~16名公民代表参加。在50场听证会中，有3000名普通公民旁听了听证会。在此过程中，有1439人以书面形

---

① Patrick W. Hamlett, *Adapting the Internet to Citizen Deliberations: Lessons Learned*, IEEE 2002 International Symposium on Technology and Society, 2002, pp. 213–218.

② 黄东益、陈敦源:《电子化政府与商议式民主之实践》,《台湾民主季刊》2004年第一卷第四期, 第8页。

式提交了 1603 份改革建议。通过听证会，普通公众的意见进入了下一阶段面对面的协商过程。

七　如何将协商民主与正式制度结合起来？

民主协商既不是谈话秀，也不是学术讨论，其目标非常明确，就是为了影响政府即将出台的公共政策。[①] 但公共政策并不是由参与协商的公民代表们来制定的，而是由政府部门的官员们制定的，因此，如何将公民代表的协商与正式的制度安排衔接起来，是一个需要思考的问

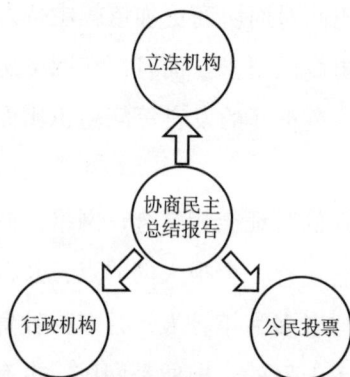

图 3-3　协商民主与正式制度的衔接

题。但是，这个问题必须根据不同的政治系统的实际情况灵活地加以处理，我们很难给出一个普适性的答案。在具体的协商民主实验中，我们看到了各种不同的尝试，下面略举几例来加以说明。

1. 协商民主与立法机构的结合。自 2005 年以来，浙江省温岭市泽国镇采用协商民主的办法，就重大公共事项举办过若干次民主恳谈会。可以说，整个协商过程都与正式的制度安排紧密结合在一起：协商在镇党委的领导下进行，预选项目由政府提出，可行性方案由专家制定。其中，最有意思的一点是，泽国镇的协商民主实验中有两个环节与镇人民代表大会相关。第一个环节是：邀请镇人大代表旁听整个讨论过程。第二个环节是将协商形成的

[①]　谈火生主编《审议民主》，江苏人民出版社，2007，第 6 页。

决议提交到镇人民代表大会表决，并邀请村民代表旁听镇人大的会议。这两个环节的设计不仅将协商民主和正式制度中最重要的制度——人民代表大会制度——有效地连接起来，而且产生了两个积极的作用，其一，相互旁听的做法极大地强化了人大代表的自我意识。前来旁听民主协商的人大代表表示，他们之所以前来旁听，而且还十分认真，主要原因是感到了很大的压力："过几天村民代表要旁听我们的讨论，如果到时候我们的讨论还不如一般的村民，怎么还好意思当这个代表？"其二，基层人大长期以来处于沉睡状态的功能得到了激发。按照制度设计，人大具有对政府预算进行审议和监督执行的权力。但是，这项权力长期以来一直处于蛰伏状态，虽然在形式上人大每年也会对政府进行审议，但基本上是走过场。由于协商民主实验的开展，镇人大在村民代表对镇财政预算进行审议的倒逼之下，开始真正地履行起自己的权力。同时，村民代表的协商民主实验也为镇人大的审议提供了模板，使他们知道真正的审议究竟该如何操作。

2. 协商民主与行政机构的结合。很多协商民主的实验都是在政府相关部门的领导下进行，其中，丹麦的公民会议和英国、德国的公民陪审团表现得尤为明显，其制度化程度也最高。在丹麦，由于有科技委员会这种制度性的联结通道，协商民主的结论可以直接对政府的决策构成影响。在英国，公民陪审团的执行机构和相关政府部门（同时也是赞助单位）之间是有契约的，契约规定这些部门必须公开响应陪审团的建议。美国公民陪审团的创始人内德·克洛斯比在造访英国的公民陪审团之后，对于英国公民陪审团执行机构与政府签订响应契约一事印象深刻，指出这是美国的公民陪审团和英国公民陪审团的不同之处。因此，在20世纪

90 年代，克洛斯比领导下的杰斐逊中心向英国学习，也与政府相关部门签订响应契约，并取得满意的效果。例如，杰斐逊中心于2001 年举办的"都市废弃物管理"公民陪审团，其建议就获得固体废弃物管理协调委员会认可并被纳入"2004~2023 年都会固体废弃物管理政策计划"中。

德国的规划小组一开始就和政府签订响应契约，这个契约规定，政府必须考虑并正式响应规划小组的提议，即便是负面的响应，也必须说明理由。因此，规划小组比美国公民陪审团更好的一点就在于，规划小组本身就是政府决策过程的一个环节，这就确保了它对政府决策的影响力。例如，1989~1990 年举办的议题为数字网络的规划小组项目，就影响了 1991 年生效的电信数据保护命令。然而，讽刺的是，规划小组的赞助单位通常是政府单位或政党，他们只将那些非核心议题交给规划小组处理，因此，规划小组的优点虽然是公民参与政府决策，但这种参与却仅限于边缘议题。

相对而言，那些由立法机构和行政机构之外的团体来发动的协商民主，对政策的影响力就比较弱。如研究机构（加拿大）、公立博物馆（英国）、基金会（美国）、国际发展组织（韩国）和倡议团体（澳洲），这些非国家行为者所召集的会议，其政策咨询能力相对薄弱，其政治或公共影响较小。① 就其对政策影响力而言，在中国开展协商民主具有天然的优势，因为中国本来就有制度化的渠道（各级人大、政协），如果激活，其成效不可低估。而且，按照十八届三中全会精神，要建立广泛多层制度化的协商民主，而且要将协商民主作为决策的一个必要环节，强调协商于决策之

① 约翰·盖斯提尔、彼得·列文:《审议民主指南——21 世纪公民参与的有效策略》，刘介修、陈逸玲译，群学出版有限公司（台北），2012，第 156 页。

前和政策执行过程之中。如果落实，其对政策的影响力当令人刮目相看。

3. 协商民主与公民投票制度的结合。加拿大的不列颠哥伦比亚省举办的"选举制度"公民会议有一个创新之举：将民主协商的结果交给公民投票来决定。2005 年 5 月 17 日，也就是公民代表协商完成约半年后，不列颠哥伦比亚省就如下议题举行公民投票："不列颠哥伦比亚省应该将选举制度改为公民会议所建议的 STV 制吗？"（STV 制即单记名可让渡投票制）投票的结果是，该建议没有通过政府设定的双重多数门槛：全省 60% 的选民的支持、在 60% 的选区获得多数支持。投票结果满足了第二个条件：在全省 79 个选区中，它在 77 个选区获得了多数支持。但是，它没能满足第一个条件，它只获得了 57.7% 的选票，就差 2.3%。[①] 在公投之后，省长坎贝尔提议，在 2009 年大选前就此举行第二次公民投票。第二次公投于 2009 年 5 月 12 日举行，但是，不幸的是，这次只有 39.09% 的投票者支持采用 STV 制度来改革现行的选举制度。[②] 尽管如此，此次公民会议试验及公投的结果还是鼓舞了加拿大其他的省份，例如，2006 年 3 月，安大略省也启动了关于选举制度改革的公民会议，至 2007 年 5 月，公民会议取得圆满成功，会议以绝对优势建议该省采用混合成员比例代表制。安大略省于同年 10 月 10 日就此举行公民投票，63% 的投票者拒绝了该改革建议。[③]

---

① Mark E. Warren and Hilary Pearse, *Designing Deliberative Democracy*: *The British Columbia Citizens' Assembly*, New York: Cambridge University Press, 2008, p. 7.

② http://en.wikipedia.org/wiki/British_Columbia_electoral_reform_referendum, 2009.

③ http://en.wikipedia.org/wiki/Citizens%27_Assembly_on_Electoral_Reform_ (Ontario).

八 如何因地制宜开展协商民主？

在这一章中，我们介绍了协商民主各个环节的具体操作技术，正如我们在开头所指出的，我们可以将它们看作一个工具包，在保持某种特定协商民主形式基本框架不变的情况下，因地制宜地选用这些技术组件，以便更好地实现协商的目标。

那么，在具体的操作过程中，我们应该如何选择合适的操作步骤呢？这可能有点类似于中医的药物配伍，需根据患者的病情，临证加减。尽管这在很大程度上需要靠医生的临床经验，但是，一些基本的原则还是应该遵循的。对于此处的问题而言，我们在选择工具时起码可以从以下三个方面来加以考虑。

1. 议题的性质。按照议题所处理的问题的性质，我们可以将其分为三种类型：基本制度型议题（如加拿大不列颠哥伦比亚省举办的选举制度公民会议）、关于公共政策型议题（如台湾地区举办的全民健保政策公民会议）、实际问题型议题（如浙江温岭泽国镇举办的拆迁问题民主恳谈会）。这三种类型的重要程度可以说是从高到低呈降幂排列。一般而言，议题越重要，所使用的技术手段就复杂，就越需要采取严格的标准作业流程，运用各种技术组合，以取得满意的效果。

2. 议题的层级。议题的层级指议题是地方性议题还是中央层级的议题。一般而言，议题的层级越高，要求就越严格，组合运用各种技术的需求就越强烈。

据此，我们就看到，加拿大不列颠哥伦比亚省举办的选举制度公民会议，其议题的性质非常重要，议题的层级也很高，因此，它严格地按照标准流程来操作，公民会议的所有环节全都有，而且还创造了很多新的手段，将各种技术手段组合运用，不仅有公民代表的协商，还有网络协商论坛、公共听证会和公民投票等手段与之匹配。相比之下，浙江温岭泽国镇的拆迁问题民主恳谈会，尽管拆迁对于拆迁户而言是非常重要的，但对于整个镇、市、省而言则并非如此，因此，其整个运作过程就没有必要将所有的技术手段全用上。例如，抽样就没有必要了，利益相关方参与即可；阅读材料也比较简单，无须大动干戈；网络等附加手段就更没有必要了。在很大程度上，它只是将"协商式民意调查"技术植入原有的民主恳谈会之中。

3. 经费情况。这是协商民主必须考虑的一个约束性条件。如果按照标准流程，协商民主的成本是很高的。美国的一次协商民主实验，把466位公民请到奥斯汀，每人发给325美元的酬劳费，还提供路费、住宿、电视转播等，共耗费了400万美元。加拿大不列颠哥伦比亚省的公民会议，总支出也达到了550万加元。即便在中国，泽国镇2005年举办的重大公共事项民主恳谈也花费了8万元人民币。尽管这个开销和国外比是微不足道的，但对于中国那些并不富裕的地区来说，这个数目将是农民头上的庞大负担。正是由于经费条件的约束，即使是在美国、德国这样的富裕国家，也常常因无法筹足所需经费而取消协商民主的计划。例如，1992年，费什金原本计划在美国总统大选政党初选期间，以协商式民意调查方式举办一场"改良式初选"，但计划因经费问题而流产；近年来，德国也由于规划小组的费用过于高昂而很少举办这种具有高度影响力的公民参与模式。因此，在具体操作中，应根据经费情况选用其中某些手段。如果经费充足，可以接近标准流程；如果经费不是很充足，保留核心环节即可。

本章提供的是标准程序，各种技术组件均包含其中。在实际操作过程中，没有必要亦步亦趋，完全可以在保留核心环节的基础上灵活掌握。例如，如果我们想在人大或政协以协商民主的方式来讨论相关议题的话，议题提炼和执行委员会的组建等工作均可简化，挑选参与者的工作甚至可以省略，只要将最核心的会前准备和会议部分保留即可，通过相关技术的植入来改善讨论的质量，这样可以大大降低组织成本。

需要注意的是，在中国，几乎所有的协商民主实验都是由政府主导的，在这种政府主导的协商民主中，党和政府本身对于协商民主的成败而言是非常关键的因素。那么，党和政府相关部门在此过程中应该注意哪些问题呢?

① 相关部门的领导和具体承办人员必须了解协商民主的基本理念和各种参与模式的操作程序；② 根据议题性质、参与模式的特性和经费情况，选择适当的参与模式；③ 根据特定参与模式的操作程序，挑选具有协商民主操作经验的学术机构或社会团体参与计划的制订和运作；④ 建立外部监督机制，确保执行过程的规范性；⑤ 公开响应协商的结果，并运用协商的结果与立法部门进行沟通。

尤其是最后一点需要注意，协商民主所产生的结论，虽然不具有法定的约束力，但因为它体现了社会的重大关切，因此，对于想要提高民主正当性和决策质量的行政机关来说，极具参考价值。行政机关必须公开地响应协商民主所产生的结论，说明是否采纳它，或如何落实协商民主提出的政策建议或意见。这应该成为公共政策制定过程的一个环节。当然，民主协商只是政策过程中的一个环节，其结论也不是决策的唯一参考依据，相关政府部门可以将其作为与立法机关和社会团体进行沟通的参考依据之一。

推荐阅读材料：

★ 约翰·盖斯提尔、彼得·列文：《审议民主指南——21 世纪公民
参与的有效策略》，刘介修、陈逸玲译，群学出版有限公司（台
北），2012。此书收集了大量协商民主案例，有重要的参考价值。

★ 何包钢：《协商民主：理论、方法和实践》，中国社会科学出版
社，2008。此书收录了大量国内的案例，对于了解协商民主在
国内政治社会条件下如何因地制宜地进行操作很有帮助。

★ 台湾地区"行政院研究发展考核委员会"编印《行政民主之实
践：总结报告》，2007。该报告是台湾地区倡导协商民主最力
的数位学者对于其实践经验的总结，是中文文献中关于协商民
主实践最好的材料，本章的叙述得益于此项资料处甚多。

第二部分　案　例

　　我们选取了六个典型案例，以展示在不同场景下，针对不同的议题，协商民主究竟是如何具体运作的。世界各地的协商民主实践表明，协商民主不仅有助于改善高层政治的质量，提高政策的合法性，而且可以改善基层治理的质量，提高社会自我组织和自我治理的能力，是基层官员化解社会矛盾、维护社会稳定的一种新的思路和方向。

第四章
建国协商：中国人民政治协商会议与协商民主

在国家正式制度层面上讨论协商民主案例，一个不能绕过去的话题就是中国人民政治协商会议。近年来，政协一方面非常自觉地把自己所从事的政治协商工作与协商民主建立起直接的关联，另一方面也在大力加强对于协商民主的理论研究，并力图以理论指导和改善实践。这一趋势在协商民主被写进中国共产党的十八大报告之后更是获得了空前的合法性基础和推动力。当然，与此同时，也不断有人指出，政协所谓的协商民主与西方的协商民主完全不是一回事，切不可将两者混为一谈。我们并不赞成这种把政协的民主协商与舶来的协商民主截然两分甚至截然对立起来的做法。事实上，我们认为，从政协自身的历史传统看，它迄今为止所完成过的最重要的成就——1949 年的《共同纲领》，其制定过程本身就体现出很多值得重视的协商民主要素；从政协的当代发展来看，从广东开始并已普及全国十几个省市的《政治协商规程》的出台，将为政协按照协商民主理论的一些基本原则的要求提升自身的协商和审议水平，在中国的政治舞台上发挥更大、更好的作用奠定有利的制度基础。因此，本章将分为主体部分和附录部分，主体部分聚焦于中国人民政治协商会议《共同纲领》的制定过程，并分析在政协的这一奠基性事件中所蕴含的协商民主要素；附录部分叙述广州市、广东省政治协商规程的出台过程，并展望围绕着地方政协的这一制度性发展可以为协商民主在中国的未来生长产生怎样的促进作用。

《中国人民政治协商会议共同纲领》是怎样产生的

本章阅读重点

★ 民主协商与协商民主的区别与联系

★ 建立一个新民主主义中国是《共同纲领》的基本前提，中国共产党是如何与各民主党派和民主人士就此前提达成共识的

★ 新政协筹备会对《共同纲领》的起草是如何运用具有一定协商民主精神的工作方法的

★ 从协商民主的角度看，为什么在新政协正式开幕前要先动员广大代表对《共同纲领》草案进行广泛深入的讨论

一 《共同纲领》的制定与协商民主

《中国人民政治协商会议共同纲领》（以下简称《共同纲领》）[①] 是中华人民共和国的奠基性文件。它凝聚了当时社会各方

[①] 《中国人民政治协商会议共同纲领》共有三次起稿，其中第一次起稿的名称是《中国人民民主革命纲领草稿》，第二次起稿的名称是《新民主主义的共同纲领》，第三次起稿才叫《中国人民政治协商会议共同纲领》。本章用《共同纲领》的简称来同时指称这三次起稿所形成的不同文本，既是为了行文方便，也是因为这些文本实质上都是同一个历史文献在形成过程中的不同阶段的形态。

面关于建设一个什么样的新中国和怎样建设新中国的共识，为这个刚刚从战火中浴血重生、百废待兴的国家规划了基本格局和发展方向。

《共同纲领》的制定是中国人民政治协商会议迄今为止所完成的最为重要的成就之一，同时也为政协自身确立了一种具有部分协商民主要素的工作模式，说明协商民主即使在立宪层次的政治过程中也可以发挥重要的作用。共和国已经走过风雨六十年，抚今追昔，可以看出，凝聚了开国先贤智慧的《共同纲领》不但是符合当时的国情实际的，而且对我们今天的改革和发展之路仍然不乏启发意义。这也说明，在具有协商民主精神的工作方法能真正发挥作用的时候，它不但有利于在不同意见中形成共识、团结人心，而且有利于达成更好的决策，更好地解决问题。

> ☞　小贴士：
> 民主协商与协商民主的区别与联系：
>
> 　　需要指出的是，《共同纲领》的制定在一定程度上契合了协商民主的精神，使用了带有协商民主特征的方法，但这绝不是说当时的中国共产党和新政协会议已经在自觉地发展和应用协商民主理论了。严格来说，当时人们的观念中认同的是民主协商。民主协商虽然听上去很像协商民主，但其实二者不可混为一谈。民主协商是一种统一战线的原则和工作方法，是为了实现共同的政治目标，由中国共产党与各民主党派、人民团体和无党派民主人士就重大的政治决策进行事前协商，广泛征求意见，以作为决策的重要参考。这与现代民

主理论中所讲的协商民主在语境和内涵上都有重要差别，其工作方法与具有鲜明现代社会科学特征的协商民主的工作方法也有很大不同。尽管如此，当民主协商的工作能够真正做到位的时候，它还是在一些重要的方面契合了协商民主的精神。这些方面主要包括：广泛参与、平等交流、信息通达、深思熟虑、寻求共识等。后文对《共同纲领》制定过程的描述和分析将会对这些要点进行详细说明。

中国人民政治协商会议第一届全体会议是在旧政权已轰然倒台、新政权尚未正式建立，甚至解放战争也还没有全面结束的复杂情况下召开的。新中国成立之后历届政治协商会议和人民代表大会召开的条件都不能与之相比。我们今天开"两会"审议代表们提出的议案，甚至讨论宪法修正案，是在国家总体框架已经确定，并且社会安定团结的大形势下对一些具体的制度和政策问题进行协商和决定，可以长期准备，从容不迫，反复讨论，对于暂时不能达成一定共识的重要问题还可以暂不下结论，作进一步研究。但是第一届政协是要为即将诞生的共和国确立"建国大宪章"，而且当时大环境复杂多变，时间紧迫，所以关于《共同纲领》的协商与共识的达成不可能指望在短短十天的正式会议中实现，而必须在会议召开之前就已基本完成。因此，对于《共同纲领》的制定更具有实质性意义的过程并不是在十天的政协会议上，而是在此前三个多月的政协筹备会阶段，也包括在筹备会之前《共同纲领》首次起稿的酝酿和准备阶段。对于《共同纲领》的制定来说，前面的这两个阶段都可以说是政协会议在时间轴上向前的合理延伸，它们所体现的那种协商民主的精神与后来的政协会议是一脉相承的。

二　《共同纲领》的正式酝酿和首次起稿

1948 年，随着人民解放军不断攻城拔寨，取得节节胜利，国民党南京中央政府处在风雨飘摇之中，建立新中国的前景已经初现曙光。这年的 4 月 30 日，中共中央向全国发布"五一劳动节口号"，提出巩固和扩大人民民主统一战线，打倒蒋介石，建立新中国。其中的第五项口号号召"各民主党派、各人民团体及社会贤达，迅速召开政治协商会议，讨论并实现召集人民代表大会，成立民主联合政府"。这一号召说出了广大民主人士的心声，因而得到了他们的热烈响应。到了下半年，随着解放战争的形势日益明朗，召集新的政治协商会议，建立新中国已经不仅仅是一句口号，而是成为进入可操作阶段的议事日程。从 1948 年 8 月开始，中国共产党就秘密安排和接送在上海、南京等国统区及香港的民主人士北上，来到西柏坡和已经获得解放的哈尔滨，共同研讨政治协商会议召开的有关事宜和建设新中国的具体方案。

新中国的建立已经指日可待，建立一个什么样的新中国立刻成为迫在眉睫的重大问题。这个崭新的国家需要什么样的阶级基础和社会道路，需要通过什么样的法律和制度来保障国家的繁荣和安定、人民的民主和权利、经济的恢复和发展、社会各方面的和谐和进步？对于以上问题的具体回答就是一个全盘的建国纲领。这个纲领不应该仅仅是中国共产党一党的主张，还必须让代表各阶级各阶层的广大民主党派和民主人士拿出各自的方案，大家共同协商、共同制定，最后还要共同执行。于是，制定这样一份《共同纲领》就成为民主协商建国的头等大事，也成为政治协商会议的中心任务。

　　《共同纲领》正式进入酝酿和起草阶段，是从 1948 年 10 月开始的。在《共同纲领》制定的整个过程中，中国共产党都发挥了领导和主导性作用。但是，对于年轻的、从未有过执掌全国政权经验的中国共产党来说，这绝非易事。苏联的经验不能照抄照搬，因为中苏国情差异极大；此外，制定《共同纲领》固然重要，但解放战争仍在继续，农村土地改革、新解放区的接管、平抑城市物价等一系列现实问题也不能不顾，中共中央必须要做到既解决燃眉之急，又做好长远规划；最后，要从各阶级各阶层各方面的建国主张中寻找和建立共识，既吸取有益的意见，又说服不同的观点，这也是一个巨大的挑战。实践表明，中国共产党正是有效贯彻了具有协商民主特征的工作方法，才将上述难题一一化解，出色地完成了领导制定《共同纲领》的历史使命。

　　当民主人士陆续抵达西柏坡和哈尔滨后，周恩来首先与到达西柏坡的民主人士符定一、胡愈之、吴晗、周建人等进行了广泛协商，并且拟定出《关于召开新的政治协商会议诸问题（草案）》。其中提到："新政协所应讨论和实现的有两项重要问题：一为共同纲领问题；一为如何建立中华人民民主共和国临时中央政府问题。关于共同纲领，提议由新政协筹备会起草。目前可交换有关纲领的各方意见。中共中央正在准备一个草案。"之后，中共中央又将这份文件电告已经抵达哈尔滨的民主人士和目前仍在上海、香港等地的民主人士，广泛征询他们的意见。广大民主人士对这份文件作出了积极的反馈。后来，由高岗、李富春代表中共中央与在哈尔滨的民主人士进行了深入的协商，达成了《关于召开新的政治协商会议诸问题》的协议。这份协议在基本认可周恩来所拟定的草案的基础上，也提出了一个重要的不同意见，那就是参加新政治协商会议的各个单位都可以提出本单位的纲领草案。前面提到，中共中央正在准备一个《共同纲领》的草案。但是广大民主人士认为如果仅以中共的方案作为讨论的基础，恐怕还不足以反映各阶级各阶层对建立新中国的多方面设想和主张。因此，他们提出，要允许各党派和团体都可以提出自己的建国纲领。这个建议得到了中共中央的采纳。从协商民主的角度来说，这个建议是非常重要的。因为《共同纲领》不仅关涉中共所代表的无产阶级和工农联盟的利益，而且也关涉中共并不直接代表的小资产阶级、民族资产阶级和其他爱国人士的利益。协商民主要求一个决策所关涉的利益各方都要参与到决策的过程中来，从而确保决策获得充分的信息基础，并对各种合理的视角都予以足够的理解和考虑。允许参加新政协的各党派和团体都可自由提出自己的建国纲领，保证了各阶级各阶层的不同关注点都能够在《共同纲领》的制定过程中得到重视。

由于当时广大民主人士还没能全部到达解放区，让他们集中在一起进行协商的条件还不具备，因此，在哈尔滨的民主党派还是委托中共方面首先起草一个《共同纲领》的草案。这个草案的起草工作由周恩来亲自主持，由中共中央统战部部长李维汉具体负责。草案的名称是《中国人民民主革命纲领草稿》。第一稿完成于1948年10月27日，经过毛泽东、刘少奇、朱德、任弼时、周恩来、王明等中共中央领导的审阅和修改后，篇幅约为5000字，分为总则、政治、军事、土地改革、经济财政、文化教育、社会政策、少数民族、华侨、外交等十个部分，共46条。其内容反映了中国共产党的新民主主义的建国思想。

到了11月，《中国人民民主革命纲领草稿》又形成了第二稿。与第一稿相比，第二稿不仅在篇幅上扩大到9000多字，而且在结构上也发生了很大变化，分为"人民解放战争的历史任务"、"建立人民民主共和国的基本纲领"、"战时具体纲领"三大部分。其中第一部分是第一稿基本没有的,第三部分也把重点放在全力支援人民解放战争和巩固人民解放区上,这使得整个第二稿看上去不像是一个纯粹的建国纲领,而是融入了很多战时宣言的内容。值得一提的是,第二稿明确规定,由新政协直接选举临时中央政府。这与中共五一口号中所说的由政协讨论并实现召集人民代表大会,再由人大产生民主联合政府的程序步骤有很大差别。这一变化恰恰是中共方面听取了在哈尔滨的民主人士的意见的结果。

1949 年 2 月 27 日,《中国人民民主革命纲领草稿》第二稿经周恩来审定后与其他关于召开新政协的文件一起汇编成册,首先送给在哈尔滨的各党派、团体和民主人士传阅并交换意见。在讨论中,部分民主人士提出了自己的不同意见。主要的分歧体现在以下的三个问题上:第一,要不要将革命进行到底?第二,新中国实行新民主主义还是旧民主主义?第三,革命胜利后,共产党是否还需要民主党派?

关于第一个问题,背景是国民党企图以举行国共和谈来阻止解放军渡江南下,同时还努力拉拢某些民主党派和民主人士组成政治上的反对派,妨碍革命进行到底。有些民主人士不能认清国民党所作所为的真正意图。在革命是否要进行到底的问题上,有的人摇摆不定,有的人甚至坚决反对。关于第二个问题,有部分民主人士更青睐旧民主主义,希望以三民主义为最高建国原则。有人提出政治上由中共领导,经济上则实行资本主义;有的人反对中共的土地改革政策;有的人反对外交上对苏联社会主义阵营的一边倒。关于第三个问题,有民主人士担心,在革命胜利之后,中共就不再需要民主党派了,新中国的政权组织中也不会有他们的适当位置。

对于由工人阶级、农民阶级、小资产阶级和民族资产阶级组成的人民民主统一战线来说，这种不同意见的表达是再正常不过的事情。它恰恰反映了不同阶级、不同政治力量有着不同的利益诉求和政治见解。中国共产党把这种不同意见的表达视为统一战线的内部矛盾，并且本着一定的协商民主精神，力图通过平等交流、理性说服的方式使各民主党派和民主人士就《共同纲领》的基本前提——建立一个新民主主义的新中国——达成共识。

平等交流是协商民主的一个基本要求。中共党内有一部分人在面对民主党派和民主人士时不能摆正自己的位置，他们认为自己革命早、功劳大，因而看不起民主党派和民主人士。这种"左"倾关门主义思想对于协商民主的开展来说是一种很大的伤害，因为它使得协商的参与者处于不平等的地位，一方对另一方缺乏应有的尊重，自然不能进行真正的观点交换。为此，中共中央专门给有关部门发出指示，要求中共方面要以彻底坦白与诚恳的态度来对待民主人士，耐心解答一切政策问题，与之协商一切重大问题，并请民主人士充分发表意见和批评。毛泽东专门在中共七届二中全会上指出："我们必须把党外大多数民主人士看成和自己的干部一样，同他们诚恳地坦白地商量和解决那些必须商量和解决的问题。"周恩来也反复要求党内干部要学会与党外人士合作。

理性说服是协商民主用以辨明公共利益所在的主要途径。在面对民主人士的不同意见乃至尖锐批评时，中共并没有利用自己的优势地位强行使他们与自己保持一致，而是采取了耐心倾听、理性说服的方法。具体的做法包括：撰写理论文章阐明革命的形势和前途，以及不将革命进行到底的危险；与民主人士单独交谈、举行小范围的座谈会和较大规模的报告会，向他们解释说明中共的主要政策主张，并悉心解答他们的各种问题和疑虑；安排民主人士参观解放区的城市和农村，用生动的事实来说明新民主主义道路如何能使社会面貌焕然一新。

通过礼贤下士、平等尊重的态度和耐心理性、实事求是的说服，各民主党派和民主人士对中共的建国纲领有了更为深入的理解，对于新民主主义道路增强了信任，并且对于民主党派在新中国政权中的地位和作用也有了更大的信心。借助上述带有协商民主特征的方法，中共使各民主党派和无党派民主人士中的大多数人与自己达成了共识，认识到必须彻底推翻国民党旧政权，然后建立一个新民主主义的崭新国家。

三　新政协筹备会与《共同纲领》的第二次起稿

1949 年上半年，解放战争的形势发展一日千里。随着三大战役胜利结束和南京的解放，召开新政治协商会议成为迫切的要求。这一年的 6 月 15 日，新政协筹备会在北平正式成立。筹备会由来自 23 个单位的 134 名成员组成，毛泽东担任筹备会常委会主任，周恩来、李济深、沈钧儒、郭沫若、陈叔通为副主任，李维汉为秘书长。筹备会分六个小组来进行各项筹备工作，其中第三小组负责起草《共同纲领》，组长为周恩来，九三学社创建人之一许德珩担任副组长，组员有来自各党派和无党派的民主人士 22 人。①

6 月 18 日，第三小组成立会议在中南海举行。周恩来在会上强调了本小组工作的极端重要性：《共同纲领》"决定联合政府的产生，也是各党派各团体合作的基础"。周恩来说，由于局势的迅猛

---

① 这 22 人是：李达、邓初民、许广平、周建人、沈志远、李烛尘、朱学范、陈此生、侯外庐、章乃器、罗瑞卿、费振东、黄鼎臣、许宝驹、杨静仁、廖承志、谢邦定、张晔、严信民、邓颖超、章伯钧、陈劭先。小组秘书为赖亚力。

发展，我们的工作重心要从动员一切力量支持解放战争转移到建设新民主主义中国，因此，中共方面起草的《中国人民民主革命纲领草稿》已经不适应新形势的要求，《共同纲领》必须重新起草。这次会议还讨论了由哪个单位来起草《共同纲领》初稿的问题，最后决定由中共方面负责。虽然指定由中共方面负责，但是从第三小组的工作程序上看，《共同纲领》的起草绝不是中共一家包办，而是有来自各党派各团体各方面的代表积极、广泛的参与。当时至少有八个民主党派和团体向会议提交了本单位的政治纲领和主张。

为了使《共同纲领》的起草有充分的相关材料作为参考和依据，会议决定为第三小组每位成员都准备好下述资料：《共同纲领》第一次起稿形成的《中国人民民主革命纲领草稿》；中共在旧政协提出的纲领草案；旧政协的《和平建国纲领》；各党派各团体已发表的政纲和政治主张；各党派各团体对《共同纲领》的意见；当时世界上已有的新民主主义国家的纲领；世界各国宪法。协商民主强调协商要有充分的信息基础，才有可能促成更佳的决策。对于《共同纲领》的制定来说，各种相关的宪法性文件信息的汇集是非常必要的准备，可以确保有关的立宪协商从一开始就在一个较高的平台上沿着正确的方向进行。另外，作为决策参考依据的不光有中共方面的政治纲领，还要包括各党派各团体的意见和主张，这既有助于集思广益，也有助于保证《共同纲领》的新民主主义性质。

会议还按照"组员自由认定"和"每个人参与不得超过三组"的原则把第三小组进一步分为五个分组，分别讨论政治法律、财政经济、国防外交、文化教育及其他问题（包括华侨、少数民族、群众团体、宗教等）。各个分组应先分头召开会议讨论各自负责的主题，最后再将讨论意见报告给第三小组的组长和副组长。这样一种安排很像是现代议会的委员会制度。这种劳动分工的一个好处是为了提高专业化水平。每位代表都会自觉选择自己最为熟悉的专业领域加入不同的分组，而每个分组的召集人也都是该领域颇具声望的专家，既精通理论，又富有实践经验，[①] 这样可以确保由他们所协商和决定的《共同纲领》条款草案具有更高的立法质量。此外，每个分组只有五到九名成员，这与整个第三小组的24人规模相比，更容易就有关条款的原则、内容和措辞进行深入的研讨和意见交换，协商的效率和效果都会更好。

当第三小组成立会议结束后，各分组按照本组的分工就有关主题开会进行深入讨论和协商，再形成书面意见。一般的程序是，首先由分组的组员提出自己的意见，然后分组全体讨论，最后由分组召集人综合大家的意见，形成分组的书面意见。每个分组至少都经过两到三次会议的充分讨论，才整理出来本组的意见。分组的书面意见或者是对《共同纲领》在有关问题上应作何规定的原则性建议，或者是以条文的形式提出的具体建议。例如，政治法律分组提出了《共同纲领》的政治基础及在此基础上必须完成的21项政治上的任务；财政经济分组提出了关于财政、货币、金融、贸易的八项条文和关于一般经济的八项条文；文化教育分组提出了关于文化教育的五项原则和关于教育制度的12项条文。五个分组的书面意见汇总起来，《共同纲领》的草稿就已经初现雏形。中共方面受第三小组委托草拟的《共同纲领》初稿，正是以经过各分组充分讨论所形成的书面意见为基础和参照的。

---

① 例如，政治法律分组的召集人、中国民主同盟和中国国民党革命委员会的领导人之一邓初民曾在东京法政大学攻读政治学，回国后曾任多所著名大学的政治学教授，新中国成立后还曾任中国政治学会名誉会长；财政经济分组的召集人、中国民主建国会的创建人之一章乃器毕业于浙江商业学校，曾担任浙江实业银行副总经理、安徽财政厅厅长，也曾在多所知名大学任教，创办过国内第一家中国人自办的信用调查机构"中国征信所"，被誉为中国资信业第一人。

　　各分组的书面意见最后都汇总到第三小组组长周恩来那里，由他来统稿和审改。周恩来担此重任可以说是深孚众望。《共同纲领》要凝聚各党派、各阶层的共识，使各方面的不同意见能够在最大程度上达成一致，这就要求在全局上必须得有一个善于处理各方面关系、又深得大家信任的人来统一协调。由于周恩来有着极为丰富的党际谈判经验，与各民主党派和民主人士有着长期良好的合作，他特别善于听取多方面的意见和协调各方面的关系，因此是领导和协调《共同纲领》制定工作的不二人选。任命周恩来担任第三小组组长可以说是中共中央深思熟虑的决定，也是《共同纲领》的制定体现协商民主精神的重要保证。

　　在集思广益形成的各分组书面意见的基础上，周恩来尽力排除各种干扰，花了一个星期的时间使自己心无旁骛地草拟《共同纲领》的初稿，其间反复斟酌，至少八易其稿。虽然有各分组的书面意见作为重要参考，但是要把这些意见统合为结构合理、措辞得当的《共同纲领》的具体条文，绝不是一件简单的文字拼接工作，必须要通盘考虑、精心组织、字斟句酌、反复推敲。八易其稿后，周恩来审定的《新民主主义的共同纲领》草案初稿共一万二千三百多字。除了一个简短的序言外，其主体部分由一般纲领和具体纲领两部分组成。一般纲领阐述了人民民主统一战线的政治基础和性质，新民主主义的特点，新民主主义的国家制度、政权制度、国防力量、经济制度、文化制度、对外政策。具体纲领有六个方面，分别是解放全中国、政治法律、财政经济、文化教育、国防、外交侨务，共列45条。

　　8月22日，周恩来将这个《共同纲领》的草案初稿送毛泽东审阅。毛泽东认真阅读了这份文件，并对其中的一些段落作了细致的修改。

四 《共同纲领》的第三次起稿与
新政协的正式通过

大约在 8 月底和 9 月初,《共同纲领》第三次起稿。这次起稿的基础是 8 月下旬周恩来送毛泽东审阅的《新民主主义的共同纲领》,但起稿具体开始的时间、由谁执笔起草等问题,目前历史研究还没有提供可靠的材料予以证实。这次起稿的文件正式定名为《中国人民政治协商会议共同纲领》。9 月初,经过毛泽东、刘少奇、朱德等中共领导人的讨论和毛泽东的亲自修改,第三次起稿的《共同纲领》草案提交给新政协筹备会第三小组讨论。

第三小组的讨论会于 9 月 6 日在中南海举行,全体成员都参加了讨论,会场气氛十分热烈。第三小组在总体肯定了这份由中共方面草拟的《共同纲领》草案的基础上,也提出了一些有益的修改意见。如总纲部分第二条有一段文字叙述中国领土包括哪些省区,作了详细的列举。章乃器认为,这种完全列举的写法有一个缺点,就是不能顾及未来省区划分可能发生的变化,他建议加上“省区区划可依法律变更之”字样。周恩来后来在修改草案时就采纳了这一意见,干脆把那段详细列举省区名称的话删去了。又如,罗隆基提出,总纲罗列了公民应享有的各种自由,但是唯独遗漏了“人身自由”,乃是一大缺憾。代表们讨论时认为,人身自由乃是最根本的自由,确实不应遗漏。周恩来也采纳了这一意见,在修改时增加了人身自由这项内容。讨论会最后,第三小组决定把《共同纲领》的这个草案提供给政协代表们广泛征求意见。

第二天,也就是 9 月 7 日,周恩来向已经来到北平的政协代表和各方面有关人士作报告,动员大家展开对《共同纲领》草案的讨论。周恩来的讲话包含了协商民主的要素。他说："在开会前不经过多方面的协商与酝酿，使大家对要讨论决定的东西，事先有个认识与了解，到开会时才把这个只有少数人了解的东西甚至是临时提出的意见拿出来让大家讨论决定的办法是旧民主主义议会中议事的办法。新民主主义议事特点之一就是会前经过多方协商与反复讨论，使大家都对问题有了认识，再拿到会场去讨论决定，达到共同的协议。"在协商民主看来，只有做到真正的协商，才有真正的民主。无协商的民主只是徒具形式的假民主，只是少数人的决定披上了一件民主的外衣而已。要想做到真正的协商，必须要让参与协商的人首先对所要协商的问题有起码的准备和较为深入的认识。因此，为了在新政协会议上对《共同纲领》达成真正的共识，中共方面在工作程序上作了精心的安排，动员广大政协代表在会前先就纲领草案进行多方协商和反复讨论，而不是仅仅在政协会议有限的时间内草率地完成对《共同纲领》的审议和通过。

周恩来强调，虽然这份草案是由中共方面起草的，也经过由23个单位的代表组成的第三小组的共同商定，但是在没有经过广大政协代表的讨论之前，它仍然是一个初步的草案，而不是最后的决定。因而，政协代表在讨论中提出的意见仍然是非常重要的。为了促进有效的意见交流，中共并没有安排政协代表按单位来分组讨论。这是因为同一单位的代表往往已经有了一个比较集中的意见主张。此外，按单位分组也不利于不同单位代表之间交换意见。因此，根据政协筹备会第三小组的决定，政协代表们一共分为20个小组，每个小组都包含了大多数单位的代表。这样的安排使每一组代表都能听到各个单位的意见，从而使大家能够最大限度地聆听和考虑不同的观点，有助于使《共同纲领》体现出最具普遍性的共识。

这样，先后到达北平的六百多名政协代表一共分组讨论了两次，①各方面的意见被汇总给政协筹备会第三小组，第三小组又开会讨论了三次，把修改意见再提交给政协筹备会常委会，常委会又专门开了两次讨论会。与此同时，参加新政协的各个单位还分别组织本单位的代表进行了讨论，多方吸收意见。

在此期间，结合大家的意见，毛泽东、周恩来又对草案作了几次大的修改。在新政协正式开幕之前最后定稿的《共同纲领》草案在结构上与第二次起稿形成的《新民主主义的共同纲领》相比有较大变化。除简短的序言之外，草案分为总纲、政权机构、军事制度、经济政策、文化教育政策、民族政策、外交政策七章，共60条，篇幅七千多字。但是在内容上可以说，这个草案在很大程度上继承了《新民主主义的共同纲领》，因为前者的60条规定有44条与后者有明显的思想关联，有的是一字不差地继承下来，有的是作了适当修改后使原来的意思更为周全和充实。不过总的来说，新的《共同纲领》草案在行文上更加简明扼要，篇幅有了很大压缩。这个草案于9月17日在新政协筹备会第二次全体会议上获得通过。

由于在《共同纲领》制定上的慎之又慎、反复协商，新政协召开的日期一推再推，从最初计划的8月初，推迟到9月10日，最终推迟到9月21日。新政协正式开幕后的第二天，周恩来向政协会议报告了《共同纲领》草案的起草经过和特点。为了最后完成《共同纲领》的起草工作，大会专门成立了共同纲领草案整理

---

① 来自九三学社的政协代表，也是政协筹备会第三小组副组长的许德珩回忆说，政协的六百多位代表多次分组讨论《共同纲领》草案，"可以说是很少很少没有发言的，也更很少发言不被重视的；凡是在目前紧要的，能够办得到的建议，都是被采纳的"。

委员会，由出席会议的 45 个单位的代表和特邀代表共 51 人组成，周恩来为召集人。由于政协会议召开之前对《共同纲领》草案的内容已经经过了较为充分的协商，所以整理委员会对草案原文内容未作改动，只对字体和标点加以完善，然后全体一致同意把草案送交大会主席团。9 月 29 日，《共同纲领》在政协全体会议上获得一致通过，正式成为新生的新民主主义共和国的临时宪法。

五　总结

1949 年的中国，解放战争还在继续，再加上解放区与国统区之间及新老解放区之间的情况千差万别，当时不可能通过在全国范围内实行普选来召开全国人民代表大会。因此，中国人民政治协商会议第一届全体会议实际上集政协会议与人大会议的功能于一体，发挥了制宪会议的作用，通过了集中各界人士建国共识的《共同纲领》，为新民主主义社会的多元利益关系确立了一个共享的政治基础。《共同纲领》的制定和通过是中国共产党与各民主党派和民主人士用诚意和智慧创造的具有一定协商民主精神的工作模式的典范。

制定《共同纲领》的基本工作方法带有不少协商民主的特征。《共同纲领》的基本前提是建立一个新民主主义的新中国。为了就这个前提达成共识，中国共产党以平等的态度与各党派各团体进行理性协商。平等的态度可以鼓励民主人士大胆发表不同意见，敢于进行争论。最后，通过摆事实、讲道理，促成双方的相互理解和信任。可以说，建立新民主主义中国的共识的达成包含了很多协商民主的要素，而这个共识又为继续推进关于《共同纲领》各项具体规定的建设性讨论准备了基础。

立宪协商民主的参与者必须要有足够的代表性，要能充分反映社会各方面的声音和利益。在这个方面新政协会议作出了巨大的努力。开国先贤之一、著名法学家钱端升说："人民政协中有各民主党派的代表，有各解放区的代表，有解放军的代表，有各人民团体的代表，有各少数民族的代表，有爱国华侨的代表，有其他爱国民主分子的代表。代表虽然没有能经由正式选举产生，而只是经由周详公允的协商产生，但他们的代表性，不特在过去的中国从未有过，亦为资本主义国家之所谓'选民'代表所望尘莫及。"值得一提的是，在参加新政协的45个单位中，中共并没有一枝独大，而是与民革和民盟的代表数一样，都是16名正式代表和2名候补代表。①

在保证代表性的前提下，要想协商民主发挥好集思广益、探索最佳决策的作用，还必须重视工作程序。《共同纲领》的制定过程告诉我们，"决策之前先协商，协商之前先知情"是起码的要求。此外，深入讨论的会议规模不能太大，参与研讨者最好有一定的专业化背景，分组讨论时要充分考虑到同一组成员在思想观点上的多元性，分组讨论要与大会报告和审议相结合，以保证每位代表都有足够的表达意见的机会和在多个层面上倾听不同意见的机会。这些方面也都体现了协商民主的一些方法论特征。

最后还要说明的是，虽然可以说《共同纲领》的制定凸显了某种协商民主的精神，但这种协商民主也具有鲜明的精英化特征。所有参与《共同纲领》制定过程的人都是代表当时社会

---

① 中国人民政治协商会议第一届全体会议共有正式代表585人，候补代表77人。这些代表分为党派、区域、军队、团体和特邀五类。其中特邀代表是指那些不能归入正式参加政协会议的45个单位的民主人士。

各界的政治精英。与之相比，当代的协商民主更加强调广大公众直接参与决策过程。当然，1949 年的中国不可能具备动员全国人民广泛参与制宪讨论的主客观条件。新中国成立后各种大规模的群众运动虽曾被称为所谓的"大民主"，但那与协商民主完全不是一回事，因为群众运动虽然有人民大众广泛而积极的参与，但主要是以斗争的方式展开的，而斗争与协商民主倡导的理性协商的精神是完全背道而驰的。可见，协商民主是一套系统的理论建构和工作方法，不能把它的部分特征等同于协商民主本身。在这个意义上讲，虽然新政协在《共同纲领》制定方面的民主协商体现了部分协商民主的特征，但严格来说它还不能满足协商民主的大多数要求。今天的各级政协会议既要继承《共同纲领》制定过程所体现的那部分协商民主精神，又要意识到要真正落实协商民主而不仅仅停留在政治精英层面上的民主协商，仍然任重而道远。

推荐阅读材料：

★ 陈扬勇：《建设新中国的蓝图：〈中国人民政治协商会议共同纲领〉研究》，复旦大学博士论文，2009。这是目前国内关于《共同纲领》的最为全面深入的专门研究，既对该文献的制定过程作了细致的考证，又对其各项主要内容进行了深入的阐述。本章关于《共同纲领》制定过程的叙述主要参考此文。此文尚未出版，但可以在中国知网（www.cnki.net）上检索到全文。

★ 杨建新、石光树、袁建华编《五星红旗从这里升起：中国人民政治协商会议诞生记事暨资料选编》，文史资料出版社，1984。本书是了解和研究新政治协商会议不可多得的珍贵史料。

★ 石光树编《迎来曙光的盛会：新政治协商会议亲历记》，中国
文史出版社，1987。该书汇集了35篇新政治协商会议亲历者对
那次会议的筹备工作和参加情况的回忆文章。

★ 郝在今：《协商建国：1948~1949中国党派政治日志》，人
民文学出版社，2000。本书根据直接采访和可靠的史料，
以文学的笔触重现了从1948年4月30日中共发表"五一
口号"到1949年9月21~30日新政治协商会议召开的全
过程。

　　附录：

从"可以协商"到"必须协商"——广州市、广东省
政治协商规程的出台

阅读重点

★ 人民政协法制建设极不完备的现状如何限制了它行使政
治协商的能力？

★《中共广州市委政治协商规程（试行）》通过哪些方面的
具体规定使政治协商成为公共政策决策程序的必要组成
部分？

一　为什么需要政治协商规程？

具有中华人民共和国临时宪法性质的《共同纲领》在第二章

（政权机关）第十三条对中国人民政治协商会议的性质和职权作出了明确规定："中国人民政治协商会议为人民民主统一战线的组织形式。其组织成分，应包含有工人阶级、农民阶级、革命军人、知识分子、小资产阶级、民族资产阶级、少数民族、国外华侨及其他爱国民主分子的代表。在普选的全国人民代表大会召开以前，由中国人民政治协商会议的全体会议执行全国人民代表大会的职权，制定中华人民共和国中央人民政府组织法，选举中华人民共和国中央人民政府委员会，并付之以行使国家权力的职权。在普选的全国人民代表大会召开以后，中国人民政治协商会议得就有关国家建设事业的根本大计及其他重要措施，向全国人民代表大会或中央人民政府提出建议案。"

1954 年，当基于普选的第一届全国人民代表大会召开后，人民政协正式结束了它代行国家最高权力机关职权的历史。令人遗憾的是，1954 年、1975 年和 1978 年的三部宪法对政协竟然只字未提，使政协在国家政治生活中的地位和作用在很长一段时期内缺乏根本大法的规范和保障。直到 1982 年，第四部宪法才第一次提及政协，但也仅仅体现为序言中的一句话："中国人民政治协商会议是有广泛代表性的统一战线组织，过去发挥了重要的历史作用，今后在国家政治生活、社会生活和对外友好活动中，在进行社会主义现代化建设、维护国家的统一和团结的斗争中将进一步发挥它的重要作用。"此后，1993 年宪法修正案对人民政协的表述又增加了一句"中国共产党领导的多党合作和政治协商制度将长期存在和发展"。这不仅是迄今为止关于人民政协的全部宪法规定，而且也是关于政协的全部法律规定，因为除了宪法序言之外，并没有其他关于政协的任何法律条文存在。[①]

毫无疑问，政协属于我国现实政治生活中"三大系统"（党的系统、政权的系统、政协的系统）和"四大班子"（党委、人大、政府、政协）的重要组成部分。每年3月初全国"两会"的召开都是我国政治生活中最令人瞩目的事件之一。但是，与政协相关的法律规定极不完备，这在很大程度上限制了它有效发挥其政治协商、民主监督和参政议政的能力。这种情况在地方各级政协中体现得尤为明显。

首先，地方党委和政府对政协应该展开哪些具体工作存在认识误区。有的认为政协要围绕经济、社会、民生等方面的具体事务性问题给党委和政府提出意见和建议；有的认为政协应该在党政部门没有精力顾及的问题上多做查漏补缺的工作；还有的甚至认为政协工作既不能无为，也不能太有为，要帮忙而不添乱。其次，不少地方党委和政府在与政协相关的工作上存在官僚主义和形式主义。官僚主义表现为在政协的协商工作中搞一言堂，合作与协商完全取决于某些领导人的主观意志；形式主义则表现为把多党合作和政治协商等同于一些无实质内容的形式化的活动，如团拜会和茶话会。这些态度和做法对各民主党派和无党派民主人士的参政议政热情都是不小的伤害。最后，由于对地方政协具体如何履行其政治职能缺乏明确的法律规定，它在实际工作中到底能发挥多大作用在很大程度上要看在位的地方党政领导人对其是否重视。很多时候政协工作制度的理念很好，如"三在前，三在先"

[①] 《中国人民政治协商会议章程》是全国政协通过的章程，并不具有法律地位，对党委和政府都没有约束力。中共中央也曾出台过一系列关于加强政协工作及多党合作和政治协商制度的意见，但从性质上说，党的文件不能等同于正式法律。

的原则，[①] 但在具体执行中能否得到有效落实，主要依靠地方党委和政府负责人的积极性和主动性，具有很大的不确定性。[②]

中共十八大报告已经把协商民主作为我国民主政治发展的重要目标，并且把人民政协视为实践和推进协商民主的重要渠道。显然，如果政协工作不能做到制度化、规范化和程序化，那么协商民主所力图促进的种种目标——如通过对话和协商使立法和决策更加科学、更加符合公共利益，鼓励社会各界人士参与到公共政策制定过程中来以促进社会信任，培育民主精神，等等——就只能是空谈。在这个方面，改革开放中一贯敢为天下先的广东省又一次作出了开创性的探索。

二　广州率先为协商民主制度化定规矩

在中共广东省委主要领导的直接推动下，制定政治协商规程成为广东省加强民主政治建设的一项重要任务。这项工作首先在各方面条件比较成熟的广州市进行试点，先试先行。经过一年时间的酝酿和准备，2009 年 9 月，《中共广州市委政治协商规程（试行）》（以下简称《规程》）正式颁布，广州成为国内第一个对政治协商作出明确制度化规定的中心城市。虽然这还不是正式的法律，但是执政党的正式文件在推动政治协商制度化方面，从某种意义上说，并不亚于法律的作用。

《规程》明确规定了政治协商的原则，要求切实做到"对重

[①] "三在前，三在先"是指：重大决策要主动协商在党委决策之前，人大通过之前，政府实施之前；制定经济发展规划要先协商后决策，重要人事安排及人民生活中的重大问题要先协商后决定，制定地方重大政策措施要先协商后通过。

[②] 参见卢斌《政协组织通过协商民主参与政府决策研究——以无锡市政协为例》，复旦大学 2010 年硕士学位论文，第 36~37 页。

大问题的协商在市委决策之前、市人大常委会通过之前、市政府实施之前"。在四大班子中，党委、人大、政府在公共决策过程中的权力都有法律的保障，唯独政协的参与具有较大的弹性。《规程》对中共广州市委与广州市各民主党派和各界代表人士进行政治协商的基本方式、主要内容、主要形式、主要程序都作了具体翔实的规定。而且，它还规定要建立政治协商督办落实机制，并把政治协商的落实情况列为对市委、市政府领导班子和领导干部考察考核的重要指标。这样，《规程》就明确了政治协商在政府决策过程中的具体角色，并且强化了政治协商对决策过程的影响力。

根据《规程》，政治协商有两种基本方式：第一种是市委同市各民主党派的政治协商；第二种是市委在市政协同市各民主党派和各界代表人士的政治协商。其中第一种方式突出的是政协之外的多党合作与政治协商，第二种方式强调的是政协内部的政治协商。

两种基本方式各自包含了多样的政治协商的主要形式。在政协之外的多党合作与政治协商中，主要形式有：每年至少举行两次的民主协商会、每年举行一至两次的谈心会、不定期举行的专题座谈会、一般每半年举行一次的通报会，以及书面建议。在人民政协的政治协商中，主要形式有：一年举行一次的市政协全体会议、每季度举行一次的市政协常务委员会会议、每月举行一次的市政协主席会议、每年举行一至两次的市政协常务委员会专题协商会、市政协党组受市委委托召开的专题座谈会、市政协秘书长会议、不定期举行的市政协专门委员会会议、市政协内部协商会议，以及书面协商。

无论是在政协之外的多党合作与政治协商，还是政协内部的政治协商，都要遵循同样的五个步骤的程序：制订协商计划、做好协商准备、开展政治协商、汇总协商成果、协商成果办理与反馈。

程序虽然相同，但在两种政治协商的基本方式之下所要讨论和商谈的具体内容各有不同的侧重点。《规程》对政治协商的主要内容的规定不但非常细致，而且增加了很多以往的政治协商通常不会涉及的内容，从而扩大了政治协商的效力。例如，政协之外的多党合作和政治协商中新增加的协商内容包括："中共广州市代表大会和委员会的重要文件"、"本市经济社会发展的中长期规划"、"本市有关城乡建设的总体规划和行政区划的重大调整"。政协内部的政治协商则新增了如下协商内容："拟提请市人民代表大会和常务委员会审议的重要地方性法规（草案）"、"市委或市委、市政府联合作出的有关全市政治、经济、文化、社会和生态发展大局的重要决议、决定、意见"、"本市的重大建设项目"、"关系本市民生和事关全局的重大问题，应对重大危机的预案和实施方案"、"市委、市人大常委会、市政协和市政协参加单位提出的其他政治协商事项"。

政治协商的重要性不仅在于协商活动本身，关键还在于协商成果的办理与反馈，使协商会不致变成空谈会，也不致挫伤民主党派和各界人士参政议政的积极性。在这方面，《规程》对政治协商成果的办理和反馈、督办与落实都明确了相应的机制：市委办公厅原则上要在三个月内书面向参加协商的各民主党派、无党派人士、工商联反馈办理结果；市委办公厅还要牵头建立政治协商督办落实联席会议制度。最后，是否重视政治协商、能否发挥好政治协商的作用也成为考核市委、市政府领导班子和领导干部的重要指标，以检验其领导水平和执政能力。

三 制度化协商民主的力量

《规程》使政治协商第一次成为地方党委政府工作的刚性约束，在作重大决策的时候不仅必须协商，而且必须按程序协商。有了《规程》的制度保障，广州市政协正在通过形式多样的政治协商活动彰显着协商民主的巨大能量。

2009年10月29日，距离《规程》颁布还不到两个月的时间，广州市政协就按照《规程》规定首次以常委专题协商会的形式对市委、市政府的重大决策进行了政治协商。① 这次协商会的议题是《广州市贯彻落实〈珠江三角洲地区改革发展规划纲要（2008~2020年）〉实施细则》。

国务院出台的《规划纲要》要求广州强化其作为国家中心城市、综合性门户城市和区域文化教育中心的地位，建设成为广东宜居城乡的"首善之区"，建成面向世界、服务全国的国际大都市。为了落实国务院对广州的新战略地位的要求，广州市委、市政府组织了56个部门拟定相应的《实施细则》，其初稿在9月22日经市政府常务会议审议原则通过。

根据《规程》规定，对重大问题的决策的政治协商要在市委决策之前，市人大通过之前，市政府实施之前，因此，9月29日，5万多字的《实施细则》初稿就被送到市政协办公厅。市政协对这次专题协商会十分重视，一方面让政协委员们认真准备，另一方面则完全以发言稿的质量作为是否安排发言和发言先后次序的标准。为保证更多的委员有发言机会，每个人的发言时间被限定

---

① 关于这次专题协商会的有关情况，参见《广州市政协首次常委专题协商会聚焦珠三角发展》，载《人民政协报》2009年10月30日，第A01版。

为 8 分钟。在约两个半小时的会议时间中，共有 20 位政协委员发言。市委副书记、常务副市长和相关部门的主要负责人均到会听取意见。

政协委员们对《实施细则》提出了多方面的批评和修改意见。如有的委员认为《实施细则》对广州的文化软实力关注不够；有的委员认为该文件在关于建设广州区域金融中心方面重点不突出，缺乏创新；还有的委员批评此文件将全社会研发投入占 GDP 的比重定为 2.8% 过于僵硬，没有留出弹性空间。当然，委员们除了批评《实施细则》的一些不合理之处以外，还就如何改进这些不足提出了不少建设性的意见。广州市政协主席朱振中认为，与以往的政治协商活动相比，这次专题协商会的委员发言具有鲜明的针对性、建设性和实效性。牵头起草《实施细则》的广州市常务副市长邬毅敏也认为这次协商会的发言质量很高，对政府的工作很有启发。最终，这次协商会提出的 77 条建议，被采纳到《实施细则》中的有 54 条，部分采纳的有 18 条，未予采纳的 5 条也逐一说明了理由。

2010 年是广州市的"亚运年"。这一年的 4 月份，当亚运会的筹备工作到了最紧张的冲刺阶段时，广州市政协同时派出了 17 个调研小组对亚运会软环境建设进行了广泛深入的调研，并形成了《关于进一步加强亚运会软环境建设的建议》。7 月 5 日，市政协举行常委会议就这个问题与市政府进行专门协商。广州市市长也参加了这次协商会。会上，17 个专题小组把他们的调研情况汇集成 33 条建议，向市长当面提出。市长倍感压力，当晚就召集市委、市政府的 12 个相关部门开会，对市政协提出的这些建议逐条进行研究，讨论由哪些单位具体负责相关意见的采纳并提出改进措施。市政府办公厅很快就把有关情况函复市政协办公厅。9 月 14 日，市长再次来到市政协，通报了政协有关建议案的办理情况，并听取常委们的意见。市政协所提的 33 条建议大多被采纳并得到实施，对提升广州的亚运软环境发挥了重要作用。[①]

四　总结

《中共广州市委政治协商规程（试行）》经过了大半年的先试先行之后，取得了良好的效果，也积累了一定的实践经验。在此基础上，《中共广东省委政治协商规程（试行）》也于 2010 年 5 月颁布，把政治协商的制度化、规范化、程序化实践在全省范围内进行推广。2011 年 8 月 25 日，《中共广东省委政治协商规程》在一年多的试行经验基础上，经过修订后正式颁发。与此同时，全国已经至少有十几个省、副省级市党委也专门就政治协商制定了类似的规程、意见和办法。

制度建设是推进协商民主的重中之重，这已经越来越成为人们的共识。从根本上说，协商民主不仅仅是一种理论，更是一种工作方法。各地政治协商规程的出台，为人民政协更好地发挥协商民主的重要渠道作用提供了"软法"的保障和行动的指南。

首先，政治协商不再是政治生活中可有可无、可大可小的装饰和点缀，而是决策程序的必需环节，这体现了对于协商民主作为一种政治生活方式的高度重视。需要指出的是，政协虽然是国家机构协商民主实践的主要平台，但是这种协商民主的参与主体

---

① 有关报道参见《广州：政治协商形成新氛围》，载《人民日报》2011 年 12
月 7 日，第 020 版。

实际上包含了党委、人大、政府和政协这四大班子。因此，政协协商民主的制度化将有助于改善整个国家政权机关系统的工作方式，并提升其决策质量。

其次，政治协商的内容、形式和程序都通过明确的规定固定下来。协商民主作为社会科学意义上的一种工作方法，是特别讲究程序和规范的。如果协商之前没有认真的准备，对协商活动如何组织、与谁协商、协商什么、协商的成果如何得到处理和反馈等问题没有明确的程序规定，那么几乎可以断定这样的协商活动一定不会有成效，更谈不上培育和促进平等交流、相互理解、宽容与妥协的民主精神了。

最后还要指出的是，现有的各种政治协商规程固然有助于提升人民政协在公共决策中的地位，强化政治协商的效力，但是这跟理想的协商民主的要求相比还有不小的距离。一方面，政治协商规程目前只是执政党的文件，还不具备正式法律的性质和效力，而且也只是在地方一级出台，尚未形成全国统一的规程；另一方面，政治协商规程对协商主体的界定仍然局限在政治和社会精英的层面，缺乏普通公众参与的渠道，而且政治协商的内容、形式、程序和机制也还有诸多需要进一步完善的地方。

推荐阅读材料：

★《中共广州市委政治协商规程（试行）》，2009年9月。

★《中共广东省委政治协商规程》，2011年8月。

★ 朱振中：《〈中共广州市委政治协商规程（试行）〉的探索与创新》，载《中国政协理论研究》2009年第4期。作者时任广州市政协主席，文章介绍了《规程》的制定过程，总结了《规程》的特色创新之处，也指出了《规程》有待进一步完善的地方。

★ 李昌鉴：《政治协商规程制定与人民政协软法实践》，载《中国政协理论研究》2010年第4期。作者是中国人民政协理论研究会副会长，该文概述了人民政协法制建设极不完备的现状，对各地政治协商规程纷纷出台的基本情况进行了描述和总结，并指出这些规范性文件是人民政协软法建设的最新实践。

第五章
立法协商：航道使用费法案的
立法之旅

本章阅读重点

★ 在参议院立法过程的不同阶段，协商民主分别是如何发挥作用的

★ 把参议院的立法会议都向公众开放对协商民主有何利弊

★ 对于一部法案在参议院的通过，理性的政策主张、利益集团的推动和权势人物的干预分别发挥了什么样的作用

一 为何是航道使用费法案？

在美国宪法之父的设计中，联邦参议院应当成为一个目光远大、深思熟虑的立法机构。与联邦众议员相比，联邦参议员的任职资格要求更高、任期更长、人数更少、独立性更强，他们理应做到更加理智，能够超越粗糙的民意和大众的激情，从而显著提高立法协商的质量。因此，讲理、协商、说服、解决问题应当成

149

为参议院立法过程的关键词。但是，现实政治不可能只是理想设计的简单反映，权力、利益和激情不可避免地在立法过程中扮演着极其重要的角色。在那些对国会持现实主义和怀疑主义态度的人看来，恐怕讨价还价、权力博弈、利益集团的斗争才是立法过程的关键词，参议院也绝不例外。

应该说，参议院的立法过程同时包含了辩论说理的协商和利益权力的较量，仅仅强调任何一个方面都不足以让人信服。对于权力和利益的博弈在立法过程中的重要影响，恐怕没有人会表示怀疑。但是对于基于理性辩论的说服和深思熟虑的协商到底能在国会立法中发挥多大作用，相信会有更多的人疑虑重重。本章选择 1978 年 10 月在国会两院获得通过并由总统签署的"航道使用费法案"在参议院的一段立法过程作为案例，就是想说明，虽然美国国会的立法过程充斥着利益集团政治和权力政治，但协商民主仍然有它的一席之地，尽管这种协商民主带有很强的精英色彩。

为何选择一部在几十年前通过的法案作为案例？首先，这个法案像美国国会每年通过的大部分法案一样，算不上是重大立法。它的普通法案的性质比那些重大的特殊法案更能体现大多数法案的立法过程。其次，这个法案涉及以驳船运输业和铁路运输业为首的两大利益集团的激烈斗争，可以让我们观察在利益集团斗争的背景下，协商民主如何发挥作用。再次，这个法案既普通，又不寻常，就在我们所要讲述的这段立法过程中，它既经历了教科书通常会提到的那些立法环节，又经历了一些并非每个法案都会经历的环节，如总统威胁要使用立法否决权。这让我们有机会考察在每一个具体的立法环节中协商活动与利益、权力等非协商性因素是如何进行复杂的互动和相互影响的。

二 立法之旅起航

1977年2月24日，在第95届国会刚刚开始不久，参议员德莫尼西正式提交了"航道使用费法案"。这个法案的大体内容是：那些在国家的人工运河和天然河流上从事运输贸易的人应当支付一定的航道使用费来帮助政府修建和维护保障航道畅通的公共工程。

每年美国陆军工程兵团都花费数以亿计的纳税人的钱疏浚，修建了大量的航道、运河、水坝和船闸，但是，享受着这些公共工程所带来的便利、以商业盈利为目的的驳船运输业从来没有以航道通行费或税收的形式为这些耗费巨资的工程掏过一分钱。而且，由于铁路运输业和公路运输业都要为各自的轨道和道路使用权来买单，相比之下，免费通行的驳船业在所有运输行业中利润率最高。这种不公平的状况很早就引起了一些人的不满，因此，类似的法案早在20世纪30年代就有人提出了。但是由于内河免费通行是一个美国习以为常的传统，再加上驳船业作为一个强大的利益集团对于任何航道使用费的立法都提出强烈的反对，所以，这样的法案似乎注定是短命的，往往在立法过程的最初阶段就被扼杀了。但是，立法的努力始终没有停止。在四十年的时间里，从罗斯福到福特的每一位总统都曾提出要对航道使用费立法进行研究，并希望国会能通过这样的法案。

因此，在德莫尼西再一次提出航道使用费法案之前，事实上已经积累了大量的研究资料。换句话说，对于一个法案的利弊得失的考量，实际上早在提出法案之前的研究和准备阶段就已经开始了。通常情况下，参议员在其助手的协助下形成一个政策提议，也就是对某个社会、经济或政治问题的立法解决方案。正是德莫尼西的助手布雷曼最早让这位参议员得知，驳船业已经享受了两百年免费通行的待遇了。德莫尼西从直觉上感到，这是不对的。

在美国，只有众参两院的议员有权利提出法案。议员提出一个法案的动机当然是复杂的，很多时候是受利益集团或政治压力的驱动。但是，如果一个立法提议自身的价值和合理性缺乏说服力的话，那么议员通常是不会附和的。多年的研究资料表明，虽然内河免费通行有利于降低航运费用，同时通过竞争压力的传导，也带动铁路和公路运输费用的降低，但是总体来说是弊大于利的。因为这会导致不同运输行业的不公平竞争，会导致驳船业无休止地提出大型航道公共工程建设项目及由此带来的各种环境问题。而如果对航道使用费进行立法，则有助于从根本上解决上述问题。

这个立法动议本身的合理性说服了德莫尼西。德莫尼西当然清楚这个法案的困难，它意味着改变两百年内河免费通行的美国历史，而且会遭遇驳船业利益集团及其在国会的代言人的强力阻击。但是如果这么困难的立法都能被他推动通过的话，这将为德莫尼西建立巨大的声誉，不仅赢得参议院同事的尊重，也有助于他在 1979 年年底即将面临的第二任期选举。当然，还有一点也很重要，那就是德莫尼西所代表的新墨西哥州没有驳船航运线，但有不少铁路。这意味着提出航道使用费法案对德莫尼西来说在政治上是安全的，不会使他得罪本州的大利益集团，相反，如果能获得通过，还会赢得铁路业对其选战的支持。

当德莫尼西决定提出航道使用费法案后，他与自己的助手们就这个问题进行了深入的讨论，并对法案的核心内容达成共识，即用十年的时间，逐步提高航道使用费，最终使驳船业在航道公共工程建设和维护费用方面为联邦政府支付一半的成本。德莫尼西知道这个法案面临着强大的反对力量，他的应对策略是把该法案作为另外一个有着同样强大支持力量的法案——"重修第 26 号船闸和水坝法案"（以下简称 26 号工程法案）——的修正案而提出。重建年久失修的第 26 号船闸和水坝是密西西比河驳船业非常重视的一项公共工程，预计将耗费联邦政府 4 亿美元，在当时是美国历史上最为昂贵的单项驳船业设施工程。德莫尼西把航道使用费法案作为 26 号工程法案的修正案，就等于绑架了这个法案。因为反对航道使用费法案就必须一同反对 26 号工程法案。而反对前者最强烈的人与后者最有力的支持者恰恰都是驳船业自身。这就使得驳船业如果想要得到 26 号工程法案的通过，就必须以接受航道使用费法案作为代价。后来的事实证明，这是一种非常聪明的立法策略。

三　委员会阶段的立法协商

联邦参议院由十几个常设委员会构成。每个常设委员会又下设几个到十几个不等的小组委员会。[①] 委员会制度是实现有效的立法协商的基本手段。一方面，参议院有 100 名参议员；另一方面，为期两年的每届国会上会有上万件议案被提出。这就使得如果每个议案都要由全体参议员集体开会协商讨论的话，那么全院会议的规模、每个参议员的时间、精力、专业背景等方面的局限性及议案本身的复杂性程度，都将使得真正的立法协商根本无法

----

① 在德莫尼西提出航道使用费法案的 1977 年，美国联邦参议院的委员会结构比较混乱，有超过 30 个常设委员会和 170 多个小组委员会，每个参议员平均参加三个常设委员会和 15 个小组委员会。不同委员会的管辖权经常相互交叠和冲突。这个结构在 20 世纪 70 年代末期得到改革，常设委员会和小组委员会的数量分别被压缩了近一半。

实现。因此，为了更好地履行其立法职责，参议员必须要实行一定的劳动分工，以确保立法过程的效率和专业化。参议院的一个常设委员会通常有十几个成员，而一个小组委员会一般只有几个成员。这样的规模有利于参议员们深入细致地考察一个议案的各种有关信息和论据。此外，常年服务于特定几个委员会也有利于参议员深化其在相关领域的专业知识，成为这些方面的立法专家，从而提升立法协商的质量。各个委员会都希望为自己赢得"具有良好判断力"的声誉。这方面的声誉越高，该委员会在参议院中的影响力就越大。一个具有良好判断力的委员会所审议通过的法案，在全院辩论和投票阶段的通过率会很高，因为一个委员会的专业判断通常都会得到该委员会以外的参议员同僚的尊重。因此，关于一个议案的审议和协商主要是在委员会阶段进行的。

德莫尼西是参议院公共建设工程委员会及其下设的水资源委员会的成员。虽然有了委员会制度可以大大提高立法效率，但是实际上被分配到每个委员会的议案通常也只有十分之一能走到听证会阶段，其他绝大部分议案在委员会初审后就被"枪毙"了。为了确保他的航道使用费法案能够获得最大的生存机会，德莫尼西想方设法使该法案被分配到他自己所在的委员会。于是，德莫尼西现在至少可以把他的法案推进到小组委员会的听证会阶段。

立法听证会

当航道使用费法案被分配给公共建设工程委员会后，它就被顺理成章地交给水资源小组委员会。如果一个议案比较复杂或者需要公众的讨论，那么小组委员会会首先为它召开一个立法听证会。尽管听证会的形式多样，但在听证会上作证的证人通常都包括以下四类：第一类是一小部分对此议题感兴趣或出于政治需要必须表现得有兴趣的议员；第二类是将从议案的措施中获得巨大好处的利益集团代表；第三类是对议案持强烈反对态度的利益集团代表；第四类是某些独立的观察家，有时是学者，有时是政府官员，他们与议案无明显利益纠葛，因而能够提出较为公正无私的观点。这四类证人中，第四类证人证言的可信性最高。但是其他证人也都将为后续的委员会审议提供重要的参考信息。证人们通常会作简短的口头陈述，提交篇幅较长的书面陈述，并回答委员会成员的提问。在立法听证会上，经常能听到赞同和反对一个议案的各种意见，不仅为委员会成员提供判断其优劣得失的信息，而且听证会上的各种论据往往也对委员会的立法辩论产生重要影响。因此，听证会是参议院协商民主的一项关键环节。

1977 年 4 月 1 日，水资源小组委员会为 26 号工程法案和航道使用费法案举行的为期四天的公共听证会正式开始。

六名来自内河航运业发达的州的国会议员参加了听证会，他们一致表示赞同 26 号工程法案，同时认为该法案不应包含航道使用费法案作为修正案。不过他们中不少人还是对航道使用费的立法理念表示了理解。

接下来持客观立场的专家登场了。他是来自哥伦比亚大学的政治经济学教授维克瑞，一位重量级的货运经济学专家。他坚定地支持对公共路权（包括航道使用权）收费。他认为收费不仅将为政府带来更多的收入，而且也会惠及消费者甚至驳船经营者自身。原因是，航道免费通行给了驳船业相对于其他运输业的一种人为的运费优势，从而导致他们在物流配置上的低效率，因为这方面的低效率并不会显著影响他们保持高利润。而如果对航道使用收费，将会使驳船经营者有动力把每一批货物都按照最经济的模式来运输，也会减少航道拥堵，从而既为消费者降低了运价，又为经营者节省了成本。

经济原因也是大多数支持航道使用费法案的人提出的理由。除此之外，这个法案的支持者都同意纳税人的钱不应被无偿地用于完全属于私营的驳船业。有人指出，只要内河通行一直免费，那么驳船业就会不断给国会施加压力要求修建新的航道工程。事实上，26 号工程法案正是为了迎合这种要求而提出的。来自环保组织的证人警告说，这样的工程将会导致水污染、破坏野生动物的栖息地、降低生物的繁殖力等一系列恶果。在航道使用费法案的众多支持者中，环保主义者是公共利益集团的代表，而铁路从业者则是行业利益集团的代表。铁路业抱怨航道免费通行政策导致了不同运输业之间的不公平竞争。因为不收航道使用费就相当于对驳船业的变相补贴，铁路业作为驳船业的直接竞争者由此遭受了生意上的巨大损失。

反对航道使用费法案的驳船业代表也主要从经济方面进行论证。他们说，如果对驳船经营者征收航道使用费，那么他们必然提高运费，从而拉动驳船所运输的货物的价格上涨，最终遭殃的还是消费者。但是，如果维持现状不收费，那么驳船业的运费很低，相应地迫使铁路和公路运输业也保持低价，最终受益的也是消费者。从环保的角度，驳船业代表也有话要说。他们强调水路运输比铁路和公路运输的空气和噪音污染都要小，而且运输同样多的货物会消耗更少的能源，这些优点对于环境保护来说都是福音。此外，他们还针锋相对地指出，如果说航道免费通行对驳船业是一种补贴的话，那么铁路业从联邦政府那里得到的补贴只多不少，包括免费获得联邦的土地等。最后，有些驳船业代表指出，在美国已经实行了两百年的内河免费通行政策后突然进行收费，这相当于中途改变游戏规则。因为一些航道承运商是在相信免费通行政策会一直持续下去的前提下才进行大规模投资的，这时突然说要收费，将给他们带来不应有的经济打击。驳船业还请了一位律师作证，说德莫尼西的法案涉嫌违宪。因为根据美国宪法第一条第七款，任何征税的法案都应首先从众议院提出，参议院无此资格。

在听证会上最后一天登场的是刚刚上台不久的卡特政府的内阁交通部长亚当斯。他代表联邦政府表达了对德莫尼西法案的立场。他说，商业性的航道运输业不应由纳税人付钱来维持其公共工程建设，建设资金应该通过向航道使用者征收使用费来筹集。

为期四天、共有 50 多位证人轮番登场的听证会为论证和反驳法案的合理性和可行性提供了极为丰富的数据和理由。虽然正方和反方都有强大的利益集团背景，但是听证会上的陈述和辩论都是围绕着公共利益的主题展开的。也就是说，所有的观点都要围绕着"如何做才是好的、对的"这样的主题来为自己构建正当性。任何诉诸狭隘的行业利益或非公共利益的说法都是缺乏说服力的。这恰恰体现了协商民主的基本要求，即以提升公共福祉为旨归。

小组委员会审改议案

如果根据听证会的结论，对于一个法案有足够多的支持，那么小组委员会就要开会对该法案进行审改，也就是对法案的条文进行逐字逐句的审读和修改。当审改结束后，小组委员会成员要投票决定是否将这个最后版本的法案提交上一级常设委员会审议。

在听证会结束后，水资源小组委员会决定对航道使用费法案进行审改。由于委员会会议允许缺席的参议员委托出席会议者代理他们投票，所以来参加这个会的参议员只有小组委员会主席格拉沃和德莫尼西两个人，其余五名参议员分别委托他们两人代理投票。格拉沃更关心 26 号工程法案，而德莫尼西则专注于航道使用费法案，两人分别在默默地审改各自的法案，只与自己的助手轻声交谈几句，这次会议几乎变成了一场无声的会议。其实，这次审改会之所以这样进行，与参议院于 1976 年采纳的一项新规则有关。这项规则要求委员会的审改会必须向公众开放。因此，这次会议吸引了相当多的听众在会场边上旁听。格拉沃和德莫尼西都不喜欢这项新规。德莫尼西抱怨说："你总不能在一只鱼缸里来进行协商谈判吧！"

实际上，这项新规定是从 20 世纪 60~70 年代开始的一场被称为"阳光政府"的改革运动的一部分。这场改革把美国国会的审议过程，包括全院辩论、委员会和小组委员会的所有会议都向公众开放，只有涉及国家安全等必须保密的内容除外。其结果是，国会每天的立法协商活动都置于公众，特别是各种媒体的监督之下。公众监督固然有利于约束立法权力的滥用，但是议会立法过程太过公开对于协商民主来说或许弊大于利。首先，议员不得不消耗很多时间、精力在选民面前作秀。其次，这会使真正的理性交流变得不太可行。因为要达成理性共识就必然意味着修正或放弃原来不合理的观点，但在媒体聚焦之下当众承认自己的错误和改变立场并不总是被视为美德，恐怕更多的是会被批评为缺乏判断力和立场不坚定。最后，立法活动的完全公开化会冒这样的风险，即把议员协商审议的水平降低到粗糙民意的水平上。这将不可避免地导致复杂观点被简单化和扭曲化，甚至在辩论中过分诉诸激情和偏见，以煽动民众的支持。

作为对立法过程公开化规定的无声抗议，德莫尼西和格拉沃以安静的方式完成了对两个法案的审改。但是这并不代表审改只是流于形式。事实上，根据听证会上驳船业代表提出的"不能中途改变规则"的反对意见，德莫尼西在他的法案中增加了一条重要内容，规定航道使用费的设计应当避免对任何承运商造成严重的经济损害。

当审改工作全部完成后，德莫尼西提出投票的动议。结果当然是，小组委员会全票同意将法案提交公共建设工程委员会的全体会议审议。

委员会全体会议审议

委员会全体会议很快召集，对小组委员会提交的法案作进一步的审改。这次会议有十名参议员参加，讨论仍然是向公众开放的。不过，由于公共建设工程委员会有一个传统，就是全体委员会尊重小组委员会的决定，再加上格拉沃和德莫尼西此前已经给全体委员会每位成员联名写信解释了为何要把26号工程法案和航道使用费法案捆绑起来的原因，因此，在这次会议上委员会成员并没有提出太多异议。他们对法案作了一些小的修改，然后以压倒多数的投票决定将法案提交全院辩论。

值得一提的是，全体委员会尊重小组委员会的决定并不代表全体委员会推卸审议职责，而是表明对小组委员会的专业化工作和深思熟虑的决议的信任。

四　游说大战

航道使用费法案顺利通过了委员会阶段的考验，如愿进入到参议院全院辩论程序。一方面，这超出了以驳船业为首的法案反对者的估计，他们迅速行动起来，展开强大的游说攻势，希望在全院辩论阶段打破26号工程法案与航道使用费法案的联系，使参议院单独通过他们最想要的26号工程法案。另一方面，航道使用费法案的各种支持者们既欢欣鼓舞，也担心它不能在全院辩论阶段涉险过关，因此他们也使出浑身解数，力图说服更多的参议员站在自己一边。

支持者：铁路业和环保主义者

铁路业和环保主义者是航道使用费法案的两大支持性力量。铁路业有雄厚的资金，但是由于他们与驳船业是直接竞争对手，他们的游说活动总是遭人质疑，被人认为是出于狭隘的行业利益才主张对内河通行强制性收费的。因此，铁路业希望资助更受人信赖但又缺乏资金的环保主义者来表达对法案的支持。可是，因为铁路业有不光彩的环境污染记录，环保主义者并不愿意与铁路业建立统一战线。于是，铁路业想出了一个变通的办法，他们先是设立了一个貌似没有利益集团背景的新机构，每个月都把一些游说资金打给该机构，然后再以该机构的名义捐助给环保主义者。这样，环保主义者就可以心安理得地拿着铁路业的钱来从事游说公关活动了。这个变通方法使环保主义者看上去像是口是心非的伪善家，但其实不然。因为环保主义者虽然客观上使用了铁路业的钱，但这些钱的捐赠并没有附加任何条件，所以他们与利益集团并不构成委托代理关系，他们的立场仍然是独立的、有公信力的。

反对者：驳船业

驳船业十分渴望26号工程法案，但又坚决反对航道使用费法案。为了切断这两个法案的联系，驳船业专门成立了一个行动委员会。为了更有效地进行公关，该委员会聘请了与多位共和党参议员有亲密关系的一家专门从事游说工作的公司，还聘请了前参议员斯曼瑟斯，他与参议院民主党人有很好的关系。驳船业行动委员会所聘请的这两支游说力量之前都有过非常出色的游说成绩。

参议员助手也成为游说对象

由于航道使用费法案的支持者一方缺乏像前参议员斯曼瑟斯

那样有着强大的参议员人脉关系的说客，所以他们把游说的重点放在了参议员的助手身上。他们不厌其烦地通过私人访问和寄送整本整本的材料来向每一个参议员的助手传达己方的信息。这是因为，在相对不熟悉的问题上，参议员们通常都更依赖其助手的意见来作决定。

直接公关参议员

当然，通过助手来间接影响参议员总不如直接公关参议员本人更有效。公关的方式包括打电话给参议员，在走廊或在一个招待会上截住参议员当面交谈。像斯曼瑟斯这样的前参议员甚至可以有特权直接进入参议院的全院辩论大厅与他试图影响的对象交谈，因此他的游说往往更为有效。

交通部长也成为说客

德莫尼西说服他的朋友、卡特政府的内阁交通部长亚当斯来为法案支持方的游说活动助一把力。虽然亚当斯在参议员中没有斯曼瑟斯那样过硬的人脉关系，但是其交通部长的身份毕竟非同常人，他打过去的电话至少参议员一定会接，他的意见一般也会得到参议员的认真考虑。

卡特总统发出立法否决威胁

在游说活动中，航道使用费法案支持方还有一个重量级的砝码，那就是他们争取到了卡特总统的支持。按照美国宪法，总统对两院通过的法案有否决权。要推翻总统的否决，两院必须分别再次以三分之二的多数通过方可。① 鉴于航道使用费法案的反对方

---

① 卡特总统之前的七任总统——罗斯福、杜鲁门、艾森豪威尔、肯尼迪、约翰逊、尼克松、福特——在其任职的 44 年中总共否决了国会两院通过的法案 1226 次，而这些总统的否决后来又被两院分别以三分之二多数推翻的次数仅 41 次。因此，总统的立法否决威胁对参议员的影响是不可低估的。

力求在全院辩论阶段切断这个法案与 26 号工程法案的联系，卡特
总统授权交通部长亚当斯向参议院表明总统的态度：如果参议院
最后通过了一个不包含航道使用费法案的 26 号工程法案，那么总
统最终将不会批准这个法案。这意味着，如果反对方不接受航道
使用费法案作为代价，那么他们就得不到最想要的 26 号工程。卡
特总统不仅通过立法否决威胁为支持方的游说活动增添了重要力
量，而且还亲自打电话给两名民主党参议员，成功说服他们支持
德莫尼西的法案。

媒体上的博弈

在影响参议员对于航道使用费问题的看法方面，法案的支持
者和反对者都没有忘记新闻媒体可能发挥的重要作用。驳船业雇
用了公关公司，专门邀请了多家媒体记者参加了一次为期两天的
免费驳船之旅，其间向他们大为宣讲免费通行对于水上商业的必
要性。而铁路业也不甘示弱，他们把一叠叠材料寄到媒体编辑记
者的案头，向他们证明航道免费通行对于其他运输行业来说是多
么不公平。

在阳光政府改革之后，媒体议程在很大程度上决定了国会的
政治议程。像《华盛顿邮报》这样的大报是国会议员几乎每日必
读的。当《华盛顿邮报》报道了德莫尼西使他的法案成功通过了
委员会审议的故事之后，这位参议员感到他又多了一分获胜的
把握。

最重要的游说：参议员个人之间的说服

以上所说的都是院外力量对参议员的游说。实际上，对一
个观点悬而未决的参议员来说，最重要的影响往往来自另一个
参议员对他恳切的说服。这是因为，参议院由于其规模小、成
员任职资格高、任期长，自成立之日起就形成了一种俱乐部式

的氛围和传统。参议员们经常见面，彼此熟识，再加上谦恭礼让的政治文化，所以他们更容易相互理解和信任，并建立跨党派的私人友谊。而且，参议院作为一个政治精英汇集、享有崇高声望的立法机构，它的每个成员对于重大的政治、经济和社会问题都有着深刻的洞察力和独到的见解。因此，大多数参议员更愿意倾听其同僚的意见而不是院外游说者的说辞。在全院辩论之前，以德莫尼西为首的法案支持方和以参议院财政委员会主席朗为首的法案反对方都竭尽全力通过个人游说去争取尽可能多的同事站在自己的一边。

正反双方的游说大战是资金和人力的较量，但是这并不意味着理性的声音就被完全淹没在利益诉求的滔天声浪之下。事实上，游说活动固然要有资金和人力的支持，但是游说的一个重要内容是靠事实和数据来说服人的。当游说者为参议员提供了一些新信息或者新视角，就有可能促使其重新思考自己在这个问题上的立场。不可否认的是，游说活动绝不仅仅是摆事实、讲道理。很多时候，院外游说者的主要手段是提醒某个参议员他曾受到某组织在资源上的支持，并暗示他如果想继续获得支持必须在这个问题上采取何种立场，这些支持经常与参议员的未来选举密切相关。在参议员之间的个人游说中，通过政治权力施压也是参议院权势人物常用的手段。

但是，同样不可否认的是，法案本身的合理性仍然在参议员的各种考量中占有重要地位。例如，来自田纳西州的共和党参议员贝克在听取了各方意见之后决定在全院投票时支持德莫尼西。这个决定令不少人感到惊讶，因为贝克所代表的田纳西州有着重要的驳船业利益。但贝克说："我当然知道这一点，但是在这个问题上，我认为皮特（即德莫尼西）是对的。"

五　全院辩论和投票的大决战

　　经过游说大战的暗中较量之后，真刀实枪的当面决战终于到来了。1977 年 6 月 22 日，针对 26 号工程法案和航道使用费法案的全院辩论正式拉开帷幕。与读者可能期待的辩论大厅人头攒动、摩拳擦掌的场景截然不同的是，这一天真正到场的参议员只有五个人。正方德莫尼西和水资源小组委员会主席格拉沃；反方财政委员会主席朗及另外两名参议员丹佛斯和史蒂文森。既然只有这么少的人到场，而且到场双方都是立场鲜明、针锋相对，那么这种全院辩论本身是否纯属走走形式，实际上不可能说服任何人呢？

　　其实，全院辩论低出席率的这种场景毫不奇怪，而恰恰是参议院全院辩论的常态。这是因为，虽然大多数参议员并没有到现场参与辩论或旁听，但他们还是有很多途径可以接触到全院辩论的信息。第一，不能到场的参议员总会至少派一名助手来辩论大厅旁听，做笔记，并及时把信息反馈回去；第二，一天当中，参议员有时会因某事而来到辩论大厅，这时通常会驻足旁听一会儿；第三，头一天的全院辩论记录总会在第二天就及时刊登在院刊《国会记录》上，未到场的参议员通常会浏览相关内容，以这种更快捷有效的方式掌握有关的信息和论点；第四，随着即时通信技术的发展，参议员不用亲自到场也能通过各种形式的现场直播来掌握全院辩论的进展情况。因此，法案的正反双方都要努力抓住这最后的机会陈述自己的观点，指证对方的弱点，力争影响那些尚未决定立场的参议员跟自己站在一起。全院辩论的低出席率与协商民主以理服人的目标并不矛盾。

这次全院辩论刚刚开始，反方参议员史蒂文森就利用议事规则上一个对己有利的规定抢先发难，提出了一个修正案，内容是保留 26 号工程法案，但搁置航道使用费法案，理由是后者意见还不成熟，需要进一步研究，因此要求在接下来的 18 个月中对航道使用费问题进行深入研究，在研究结果出来之前不对之采取任何国会的行动。这正是贯彻反方策略——切断两个法案之联系、推动 26 号工程法案独立获得通过——的具体行动方案。按照现有议事规则，全院必须首先讨论史蒂文森修正案，并投票表决是否支持。于是，正反双方重点围绕着 26 号工程法案与航道使用费法案之间的联系展开辩论。辩论持续了几个小时之后，到了当天下午，反方得到消息，有两名支持德莫尼西法案的参议员因事外出离开华盛顿，当天之内不可能返回。反方认为这个投票时机对自己有利，因此提出辩论在半个小时后结束，然后开始投票。可是根据估算，正方也认为此时投票自己会赢，因此同意了反方的投票提议。半小时后，针对史蒂文森修正案的唱名投票开始。在召集铃声响后，所有身在参议院的参议员都陆续赶来辩论大厅亲自投票，因为规则规定，全院投票不像委员会投票，必须本人亲投，代理无效。投票结果让德莫尼西大感宽慰：51 票反对，43 票支持，史蒂文森修正案被否决，航道使用费法案依然与 26 号工程法案紧紧捆绑在一起。

史蒂文森修正案被挫败后，所有反对航道使用费法案的人都意识到，要想得到他们梦寐以求的 26 号工程法案，航道使用费法案就是他们不得不付出的代价。对这两个捆绑在一起的法案的表决在当天晚些时候举行，结果不出所料，以 71 票赞成、20 票反对的绝对优势在参议院获得通过。

六 总结

虽然航道使用费法案在参议院的这次通过还只是它漫长曲折的立法之旅的初战告捷，要成为正式的法律，后面还有更多更大的考验等待着它，[①] 但是限于本章的篇幅，我们的讲述必须要告一段落了。尽管故事并没有讲完，不过航道使用费法案在参议院这四个月不平凡的立法之旅对于我们了解协商民主在美国这一正式立法机构中所能发挥的作用和所能实现的程度已经可以提供很多有益的启示。

从参议院的众多立法制度来看，协商民主是其致力于实现的一个基本目标。委员会制度是为了促进对法案的真正有效的专业化协商；听证会是为了从社会各界，包括政府不同部门广泛汲取关于一个法案的各种信息和意见；全院辩论与委员会审议相比是在一个更大的平台上更为集中地展示一个法案的利弊得失；即便是非正式的游说活动也为深入思考法案所力求规范的核心问题提

---

① 美国国会是两院制，任何立法都必须经两院通过才能送交总统签署。以航道使用费法案为修正案的 26 号工程法案由于涉嫌违宪（宪法规定任何征税的法案应首先由众议院发起），因而被众议院束之高阁不予讨论，实际上中途夭折了。后来，在总统卡特和交通部长亚当斯的推动下，众议院议长伸出援手，采取了变通方式，改由众议院方面提出一个新议案，吸纳了 26 号工程法案和航道使用费法案的基本内容，使这个议案先在众议院通过，然后再送交参议院通过，从而避免违宪之争所带来的麻烦。后来围绕着这部新法案在众参两院的通过又发生了激烈的斗争，几次再度面临死劫，又几次化险为夷。经过一年零七个月的坎坷之旅，这部法案终于在第 95 届国会闭幕的前一刻获得两院通过，并在 1978 年 10 月 21 日由卡特总统正式签署为法律。最终生效的航道使用费与 1977 年 6 月在参议院通过的那部法案相比，在文本上已经有很大差别，但基本实现了德莫尼西的立法意图，终结了美国内河免费通行的历史，以驳船业所缴纳的通行费建立航道公共工程基金。

供了丰富的信息和视角。立法程序之所以如此烦琐复杂，不断在不同的层次上重复类似的步骤，如听证、审改、协商、辩论，根本目的都是为了促进对法案的深思熟虑。

一部法案要想在参议院获得通过，它自身的合理性是一个重要前提。以航道使用费法案来说，航道免费通行政策的不合理性是促使德莫尼西提出该法案的基本动机，也是该法案能在参议院立法之旅的不同阶段说服很多人支持它的根本原因。就连它的反对者也感到缺乏足够充分的政策理由说服人们支持航道免费通行政策一如既往地继续下去。毕竟，很难理直气壮地去主张：全国的纳税人要为只是那些江河水系发达的州拥有的一个盈利的私营行业修建基础设施，而这个行业的经营者可以长久享受由此带来的通行便利，却不必为此掏一分钱腰包（也就是不必交任何航道使用费）。为了克服这个观点上的困难，法案的反对方只能提出这样的理由，即航道使用费尚未得到充分的研究，来试图切断该法案与 26 号工程法案的联系。但即便是这个缓兵之计的论点也很难站得住脚，因为早已有众多组织对此进行了多年深入的研究，而且几乎所有的研究结论都认为，航道免费通行政策早该结束了。一部法案拥有好的理念非常重要，甚至可以为它带来来自反对党的朋友。如航道使用费法案本来是由保守的共和党参议员德莫尼西提出的，却赢得了不少自由派民主党参议员，甚至包括民主党总统卡特的支持。

当然，仅有法案自身的合理性还远远无法保证它能冲破重重阻碍成为真正的法律。从这个案例中，我们也看到，政治从来都是与利益和权力紧密纠缠在一起的。对一个参议员来说，决定他投出赞成票还是反对票的原因当然非常复杂，但其中最重要的因素恐怕还是本州选民的意见。在多数情况下，选民的意见是通过利益集团和媒体来表达的。所以，有些参议员虽然与德莫尼西私下里是很好的朋友，也从原则上赞同他的立法理念，但仍然迫于本州选民的压力而不得不投票反对他。另外，议会党团领袖、委员会主席等参议院的实权人物也经常利用手中的权力或威逼或利诱其他参议员改变观点按自己的要求投票。有时，这些大佬们也利用权力操控立法程序来实现自己的目的。不要忘了，如果没有卡特总统这位权势人物的干预和力挺，航道使用费法案究竟在参议院能走多远恐怕不容乐观。在理想的协商民主中，利益和权力应当让位于理性的政策主张；但是在正式立法机构的现实政治中，利益和权力却大多扮演着主角。因此，如何让理性的政策主张从它与利益和权力的博弈中突出重围，占据上风，如何让利益与理性政策协调一致，如何让权力为理性政策服务，永远是协商民主理论与实践应当着力去解决的核心问题。

推荐阅读书目：

★ T. R. Reid, *Congressional Odyssey*: *The Saga of a Senate Bill*, New York: W.H. Freeman and Company, 1980. 本书详细描述了航道使用费法案惊心动魄的立法之旅，本章对于航道使用费法案第一次在参议院获得通过的过程描述主要参考此书。

★ Joseph M. Bessette, *The Mild Voice of Reason*: *Deliberative Democracy and American National Government*, Chicago and London: The University of Chicago Press, 1994. 本书第 6 章详细解释了协商民主是如何在美国国会的立法过程中得以体现的。

★ [美]汉密尔顿、麦迪逊、杰伊：《联邦论：美国宪法述评》，尹宣译，译林出版社，2010。本书是美国建国之父们关于美国宪法设计理念的经典解读文献，关于参议院制度安排的解释，请见第 62~66 篇。

★ 李道揆：《美国政府和美国政治》，中国社会科学出版社，1990。
本书是不可多得的关于美国政府和美国政治基本知识的入门读
物，资料翔实，评述得当。关于美国国会的情况，请见第七章。

★ Janet Anderson, *The Senate*, New York: Chelsea House
Publishers, 2007. 本书以简短的篇幅、通俗易懂的语句介绍了
美国联邦参议院的起源、结构、成员以及它是如何工作的。

★ Burdett A. Loomis, ed., Esteemed Colleagues: *Civility and
Deliberation in the U.S. Senate*, Washington D.C.: The Brookings
Institution Press, 2000. 本书是一本研究美国参议院的学术论文
集，考察了近年来参议院越来越趋于党派化的表现、原因以及
对协商民主的影响。

第六章

制度协商：选举制度改革公民会议

★ 对于高度技术化的议题，哪些措施可以保证协商的有效性？

★ 公民代表的协商如何成功地与普通民众结合起来？

★ 通过何种机制，协商的结果可能对现实政治产生实质性的影响？

一 为什么关注不列颠哥伦比亚省选举制度改革公民会议？

2004 年，在加拿大的第三大省份不列颠哥伦比亚省举行了一次大胆的民主试验，通过随机抽样的方式选出了 160 位公民，组成公民大会，对不列颠哥伦比亚省的选举制度进行评估和重新设计。这次公民会议是第一次将改革基本政治制度的权力交给由普通公民所组成的团体，而且，它几乎将罗尔斯"无知之幕"的制度构想付诸政治实践。这种创新模式后来被复制到加拿大的其他地区和荷兰等国，并越来越引起欧洲的关注，旨在为欧洲宪法的制定和宪政改革提供替代性的民主方法。因此，这次协商民主的试验还是非常值得分析的。

二　为什么要改革选举制度？

不列颠哥伦比亚省位于加拿大西岸，面临太平洋，全省面积944735 平方公里（大约是法国、德国和荷兰的总和），人口 414.13 万，仅次于魁北克省和安大略省，是全国第三大省，中国人比较熟悉的温哥华就是该省最大的城市。

> ☞　小贴士：
>
> 因为语言、文化、政治、社会等差异，中国大陆、香港、台湾对此地的译名不尽相同。中国大陆把 British Columbia 译为"不列颠哥伦比亚"；台湾及部分香港媒体译为"英属哥伦比亚省"；大部分香港媒体及部分加拿大华人社区则以 British Columbia 的首字母简称"BC"音译为"卑诗省"。

自 2001 年以来，加拿大有 5 个省份——不列颠哥伦比亚省、安大略省、魁北克省、新不伦瑞克省和爱德华王子岛——先后考虑改革其选举法和议会程序。但改革大多是由精英主导的，因此，其改革方案的合法性较弱。不列颠哥伦比亚省的勇敢尝试让我们看到了另外一种可能性：民主更新的主体是可以被设计的。其做法是，通过几乎是随机抽样的方式产生的 160 位公民组成公民大会，由他们对该省的单一选区相对多数决制（SMP）的选举制度进行评估，如果他们认为有必要的话，可以提出一种他们认为适当的新选举制度。政府还承诺，公民会议提出的建议将付诸公民投票，如果获得通过，这种新的选举制度就将付诸实施。[1]

> ☞ 小贴士：
> 单一选区相对多数决制是北美地区最主要的一种选举制度，具体言之，这种选举制度的制度性构成分为三个方面：一是每个选区只产生一名代表；二是选民在投票时只能选自己最中意的一名候选人；三是获胜者只需在众多候选人中得票最高即可，无须过半的选票数。在这种制度安排中，政党所获选票的多少与它所获议席的数量之间不存在必然的联系。

不列颠哥伦比亚省之所以会进行这种新的尝试，一个最主要的原因在于该省选举所产生的"不当"结果。在 1996 年的选举中，尽管自由党赢得的选民票比新民党要多（41.8% 比 39.5%），但它在议会中的席位却少于新民党。这主要是由于自由党的支持者相对来说比较集中，而不是平均分布的，在 SMP 式的选举制度中，它所获得的议席就不一定能和它所获得的票数相称。正是在这种背景下，自由党领袖戈登·坎贝尔承诺，如果自由党能重新执掌政权，他将组织一个公民会议，对选举制度进行评估。在 2000 年

---

[1] Mark E. Warren and Hilary Pearse, *Designing Deliberative Democracy: The British Columbia Citizens' Assembly*, New York: Cambridge University Press, 2008, p. 6. 由于体例的原因，以下凡引此书不再一一注明。

的选举中，自由党确实重新掌握了权力，但选举结果再一次凸显了 SMP 制度的问题：自由党只获得了 57.6% 的选票，但却获得了议会 79 个席位中的 77 个。新民党获得了 21.6% 的选票，却只获得了 2 个席位。绿党获得了 12.4% 的选票，连一个席位都没有。

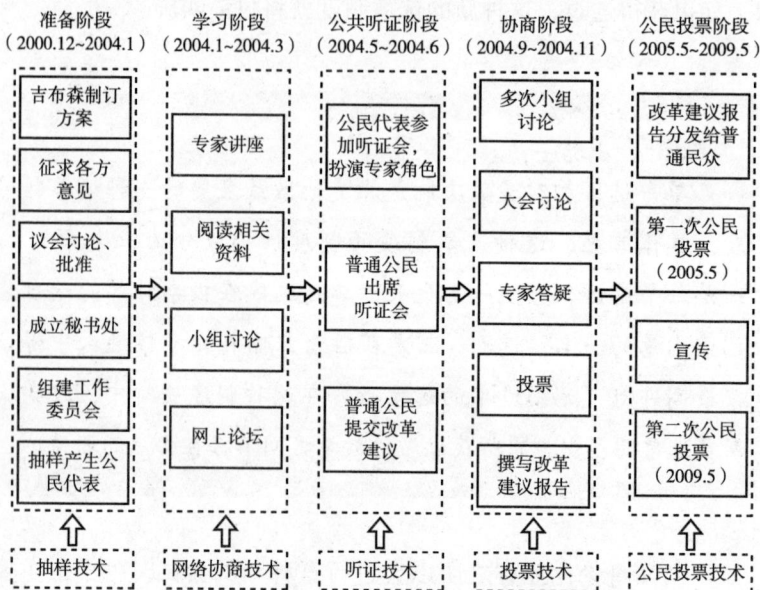

准备阶段 （2000.12~2004.1）	学习阶段 （2004.1~2004.3）	公共听证阶段 （2004.5~2004.6）	协商阶段 （2004.9~2004.11）	公民投票阶段 （2005.5~2009.5）
吉布森制订方案	专家讲座	公民代表参加听证会，扮演专家角色	多次小组讨论	改革建议报告分发给普通民众
征求各方意见	阅读相关资料		大会讨论	第一次公民投票（2005.5）
议会讨论、批准		普通公民出席听证会	专家答疑	
成立秘书处	小组讨论		投票	宣传
组建工作委员会		普通公民提交改革建议	撰写改革建议报告	第二次公民投票（2009.5）
抽样产生公民代表	网上论坛			
抽样技术	网络协商技术	听证技术	投票技术	公民投票技术

图 6-1　选举制度公民会议的流程和技术

这种极不正常的现象为选举制度改革提供了一个契机。2000年，坎贝尔就任省长，他承认这两次选举都未能满足民主的基本标准，并准备兑现其承诺。他委托德高望重的自由党前任党魁戈登·吉布森来制订公民会议的方案。为此，吉布森广泛征求了各方意见，与政治家、社会活动家、公众人物、学术界进行探讨，于2002 年 12 月提交了一份非常详细的计划。政府采纳了他的建议，只对其进行了很小的修改。2003 年 4 月政府请求议会支持这一计划。议会一致同意政府的请求，并建立了一个专门的委员会，负责监督整个过程。议会还批准了 550 万加元的预算来进行这项试验。

三　复杂版本的公民会议如何运作?

不列颠哥伦比亚省的协商民主试验的主体部分共进行了11个月，从2004年1月一直持续到11月。160位公民齐聚一堂，整个过程分为五个阶段：准备阶段、学习阶段、听证阶段、协商阶段和公民投票阶段。到2005年5月举行公民投票为止，整个过程才算结束。

1. 准备阶段

准备阶段的时间很长，可以说从2000年吉布森接受任务到2004年1月公民会议组建完成，一直都处于准备阶段。

首先，组建工作委员会。政府成立了一个秘书处，来负责组建公民会议，并为其提供支持。西蒙弗雷泽大学的前校长杰克·布兰尼被任命为公民会议的主席，负责筹备公民会议。与此同时，还给他配备了8名全职的工作人员，负责调查、行政、沟通和后勤等工作；还有若干兼职的辅导员和会议记录人员。工作委员会包括办公室、IT部、协商小组等。

接下来的工作就是选人。按照吉布森的设计，人员的挑选应该反映人口的构成，可以按照三个标准来按比例挑选公民会议的成员：性别、年龄和选区。而种族、宗教、社会经济地位、教育程度等分层标准则被排除在外。

具体的操作方式是通过完全随机的方式从选民登记表中选出158名普通公民，保证在79个选区中每个选区有男女代表各一名。工作委员会花了一个月的时间来更新选民登记表，然后，通过随机抽样的方式选出了26500人，给他们每个人都寄送了一份邀请函。有1441人回信表示有兴趣参加这个活动，最后到会的只有

964 人。这 964 人参加了选拔会,并通过抽签的方式从中产生了
158 名正式的会议代表。

正式的会议代表产生后,工作委员会发现了一个问题:尽管
有原住民参加了选拔会,但是他们没有一个人被抽中。主席布兰
尼就运用其权力挑选了与会的两名原住民,以增强代表性。这样,
整个公民会议的人数就变成了 160 人。

通过这一过程挑选出来的会议代表确实具有比较广泛的代表
性。他们出生于不同的国家(至少有 15 个国家),说着不同的语
言,而不仅仅是英语。他们的教育程度不一,有的人高中都没有
毕业,有的人获得了博士学位。他们来自不同的行业,从餐馆老
板、计算机程序员、工人、会计,到营业员、教师、农场工人、
保姆,不一而足。由于在挑选过程中有一个自选环节,因此,公
民会议的成员构成与不列颠哥伦比亚省的人口构成并不是等比的,
有些成分所占比例比较大,例如,白人、老人、受过大学教育者、
现职或退休的大学教授等。相对而言,公民会议的成员是比较活
跃的,他们大多数人平时就是热衷社区活动的积极分子。这一点
保证了他们能积极而有效地参与民主协商。

表 6-1 公民会议和不列颠哥伦比亚省的人口统计学特征对比

单位:%

	公民会议	BC 人口
性别		
男性	50.0	49.1
女性	50.0	50.9
年龄		
18~29 岁	11.0	19.5
30~39 岁	19.5	19.6
40~49 岁	17.5	21.4

	公民会议	BC 人口
50~59 岁	27.9	16.3
60~69 岁	17.5	10.6
70 岁	6.5	12.6
出生地		
加拿大	74.4	73.6
非加拿大	25.6	26.4
英国	8.1	3.6
中国	1.3	2.8
印度	1.9	2.4
中国香港	1.3	2.3
少数族裔特征		
白人	88.1	75.1
少数族裔	11.9	24.9
亚裔	9.4	19.2
原住民	1.3	4.4
教育程度		
高中以下	5.1	19.4
高中	9.6	24.2
职业技术学院	28.9	32.5
大学	56.4	23.9

　　但是，公民会议成员构成的这种不对称性也对其代表性和协商质量构成了威胁。因为不对称意味着某些优势群体（如白人、教育程度较高的人）被过度代表了，而一些弱势群体（如原住民和欧美以外地区的移民）则参与较少。同时，协商的质量在一定程度上依赖于它能否将所有相关的视角都纳入其中，以避免不公平现象（如忽视弱势群体的利益）的发生。就此而言，不列颠哥

伦比亚省的这次公民会议在与会代表的选择机制问题上是存在一定缺陷的。

2. 学习阶段

公民会议的任务是评估以何种方式,选民的投票可以恰当地转换为议会的议席。很多批评协商民主的人认为,普通公民不具备理性协商所需的各种专业知识和基本素质,尤其是像基本政治制度这样复杂的议题。因此,参加公民会议的公民必须通过学习,使之具备足够的关于选举制度的相关知识。

学习阶段的时间是从 2004 年 1 月到 3 月,这一阶段的工作主要是让与会的公民代表学习与选举相关的专业知识和协商技巧。

专业知识的学习主要包括以下几种形式:

一,邀请专家为他们开设关于选举制度的讲座;

二,阅读相关的材料;

三,由主持人组织他们进行小组讨论;

四,开设网上论坛。

在进行这些专业知识学习的同时,他们还要学习协商的技艺,为以后的协商奠定基础。具体的做法是:按照民主协商的要求开展专题研讨。在这个练习的过程中,他们要学会倾听、相互尊重、清晰地陈述自己的观点,开阔自己的心胸,以及协商所应具备的其他素质。除了这些小型研讨会之外还有大会讨论。大会是向普通公众开放的,但几乎所有的小组讨论都是闭门会议,其原因在于,要给参与讨论的公民创造条件,减轻压力,使之能自由地改变自己的观点,对他人敞开心扉。

在学习阶段结束时,公民会议要形成一个中期报告,报告其工作进展,并征求更多的公众意见。值得注意的是,尽管专门的学习是从 1 月到 3 月,但是,在这一年随后的几个月中,与会的公民代表其实一直处于学习的状态。

学习都是在周末举行，在这个过程中，公民会议的每个成员都必须参加所有的周末会议，阅读相关的辅导材料，以及至少1500页不定期的文字材料，如普通民众提交的意见和建议。这是最低的要求，除此之外，他们还要参加各种其他的活动。

周末会议有两种形式，大会和小组讨论。大会是对公众开放的，但小组讨论基本是闭门会议。每周只有一个小组会议向公众开放。小组会议的规模从9人到20人不等，小组的成员并不是固定不变的，每周都通过随机的方式进行重新组合，以保证每个成员每次都能接触不同的观点，保证讨论的包容性和不偏不倚。在每个小组中都有一个主持人，以保证每个参与者都有平等发言的机会。主持人还有一个职责，就是对相关的名词和概念进行解释，并负责回答公民代表提出的各种关于选举制度的技术性问题。

事实上，在整个学习阶段，公民代表可能扮演着不同的角色：听众、发言者、研究者和倡导者，这是一个连续的光谱。在光谱的一头，公民代表是比较消极的听众，他主要是吸收关于选举制度的信息，倾听和考量其他成员的观点，并形成自己关于何种选举制度最适合于不列颠哥伦比亚省的意见。无论在小组讨论还是在大会讨论中，他们都很少发言。有些人是出于害羞或不习惯发言，当他们逐渐熟悉以后，会慢慢张开嘴。有些人则对自己的看法缺乏自信，从而犹豫不决、吞吞吐吐，特别是碰到技术性很强的议题时尤其如此。还有些人则将自己的角色仅仅理解为学习相关的选举制度的知识，并按照自己的理解投下一票。

在光谱的另一头，公民代表则充当积极的倡导者角色，他们不仅积极地参与公民会议，而且愿意花大量的时间在自己所在的社区宣传公民会议上所取得的成果，例如，在社区进行宣讲，为地方报纸撰写文章，接受地方媒体的采访，与朋友、家庭成员和同事讨论。他们推动在社区举办公共听证会，有一个人甚至自制了一个广告牌，为公共听证会做广告。也有些人本来在其社区就很活跃，他们会利用现有的社会网络来推广公民会议。另一些人则通过在公民会议中与其他成员的沟通而变得活跃。尽管公民代表被挑选出来是作为整个不列颠哥伦比亚省的代表，但这些活跃的代表们成为连接公民会议和所在选区的管道。

处于中间位置的是发言者和研究者的角色。作为发言者，他们觉得自己有责任保证让尽可能多的视角进入协商过程。特别是当他们觉得某些议题（如少数群体的代表性问题）非常重要时，他们会在小组讨论中积极表达他们的观点，以期影响小组的其他成员。作为研究者，他们愿意花时间来研究选举制度，而不仅仅满足于阅读工作委员会提供的阅读材料。他们会收集各种关于选举制度的信息，计算不同的选举制度下可能产生的结果，考虑在不同的选举制度下选区应该如何划分等技术性问题。他们常常在小组讨论、大会讨论和公民会议的网上论坛中与其他成员分享自己的研究心得。

更为积极的公民代表不仅认为应该表达自己的观点、参与讨论，而且应该向其他的人宣传相关的观点。这时，他们就转变为倡导者了。

3. 公共听证阶段

第三个阶段的工作是公共听证，时间是 2004 年 5 月到 6 月。在此过程中，全省各地举办了 50 场关于选举制度改革的公共听证会，公民会议的每个成员必须参加其中的 3 场听证会，他可以根据自己的时间，选择相应的场次，每场听证会会有 4~16 名公民会议的成员参加。在这些听证会上，公民会议的成员俨然成为了选举问题专家。在 50 场听证会中，有 383 名普通公民作为正式代表出席听证，有 3000 人旁听。在此过程中，有 1439 人以书面形式提交了 1603 份改革建议。

公共听证环节是不列颠哥伦比亚省公民会议的一个比较独特的设计，这将它与协商式民调或公民陪审团模式区别开来。后两种模式均强调将公民转化为准专家，而不是让他们响应公众的意见。相反，不列颠哥伦比亚省的公民会议试图在准专家身份和公共舆论二者之间寻找平衡。省政府强调，公民会议必须与全省居民进行协商，要让居民们有机会以书面的形式向公民会议提交意见，以口头的形式在听证会上表达他们的观点。

本来，按照吉布森的设计，公民会议在经过学习阶段后，应该提交一个初步的报告，挑选出 3~4 种比较中意的选举制度，并详细分析各自的利弊，以备听证阶段使用。但是，公民会议的代表们不愿意对公共听证设置任何限制性条件。在学习阶段的小组讨论中，他们就表达了这样的希望：在公共听证过程中或公众提交的意见中，可能会提出某种新的他们自己未曾考虑到的选举制度。

值得注意的是，公共听证过程中所获得的信息（无论是口头的还是书面的）表明，公众对选举制度的偏好和公民会议的偏好并不吻合。公民会议更青睐 STV 制度，而 70%~80% 的公众建议书则青睐 MMP 制度。相应的，在公共听证会上，花在讨论 MMP 上的时间远远超过讨论 STV 的时间，基本上是 9∶1。那么，公共听证到底有何作用？对于很多公民代表而言，公共听证和书面的建议书是一种非常有价值的信息收集机制，它让公民代表们了解到哪些政治价值是不列颠哥伦比亚省的居民所看重的。与此同时，这一过程也加强了他们的自信心，通过听证，他们相信自己有能力寻找到能满足那些政治价值的最佳选举制度。

4. 协商阶段

第四个阶段是公民会议的协商阶段，从 2004 年 9 月持续到 11 月。这一阶段最重要的特点是根据基本的价值和目标对各种选举制度（包括现行的选举制度）进行评估。为此，公民会议首先要确立评判的标准，他们先是列出了选举制度可能实现的九大目标：稳定而高效的政府、问责性、议会对政府的制衡作用、公平的代表性、民主的政党、选民的选择、地方代表的可识别性（identifiable local representation）、鼓励选民参与、票票等值。他们认为，其中的三个目标是最重要的：一个选举制度必须能有效地代表地方；它应该按照比例公平地将选票转换成议席；它应该最大限度地体现选民的选择。

接下来，公民会议的讨论就集中在哪种选举制度能更好地实现这三个目标了。一旦对目标进行了排序，就只有两种选举制度能入公民会议的法眼了，它们是混合成员比例代表制（MMP）和单记名可让渡投票制（STV）。经过激烈的讨论，最后公民会议用投票的方式来决定这两种选举制度哪种更适合不列颠哥伦比亚省，结果 STV 以 123：31 的绝对优势获胜。

> ☞　小贴士：
>
> 公民会议所青睐的两种选举制度——混合成员比例代表制和单记名可让渡投票制——均是与比例代表制相关的选举制度。比例代表制是与多数决制相对的一种选举制度，其基本出发点是使得政党所获议席的数量与其所获选票之间基本成正比。
>
> 混合成员比例代表制是一种混合选举制度，一部分选区

采取多数决制，一部分选区采取比例代表制。选民投票时要投两票，一票投给多数选举区的候选人个人，一票投给他所中意的政党。

单记名可让渡投票制是一种典型的比例代表制，选民投票时需对众多的候选人进行排序，然后通过计算来分配议席。所谓"可让渡"，是指在计算过程中，可以将当选候选人超过当选基数的选票，按照比例转让给该名候选人所有选票上的"第二偏好"并且还没有当选的候选人；或者将淘汰的得票最少的候选人的所有选票，按照比例转让给该名候选人所有选票上的"第二偏好"并且还没有当选的候选人。

然后，公民会议又对现行的选举制度进行评估，将 STV 和 SMP 进行对比，以决定是否应对之进行改革。结果，以 142∶11 的优势赞成对现行制度进行改革。2004 年 12 月，公民会议提交了一份报告，建议对现行的选举制度进行改革，改采 STV 式的比例代表制。随后，公民会议解散。

表 6-2　对 MMP 和 STV 制度的偏好变化

单位：%

	3 月	7 月	12 月
赞成 MMP	41	40	10
不知道	39	32	18
赞成 STV	20	27	73
样本数	139	139	120

值得注意的是，在没有经过讨论之前，多数的公民代表更倾向于 MMP，而不是 STV，在 3 月份的时候，有 41% 的人赞成

MMP，只有 20% 的人赞成 STV。但是，在经过充分讨论之后，情况发生了巨大的转变，赞成 MMP 的只有 10%，而赞成 STV 的则变成了 73%。这说明协商过程对公民的偏好转化的影响程度是非常高的。就此而言，不列颠哥伦比亚省的这次协商试验在制度设计上有若干值得关注之处。

众所周知，协商的制度性特征会对行为者构成约束，并引导他们以特定的方式采取行动。例如，是以多数决的方式来作出决定，还是要求达成共识；协商的目标是寻找最合适的选举制度，还是寻找最有可能在公民投票中获得通过的选举制度，这些都会使协商者作出不同的决定。同样，会议的规模有多大，讨论是以秘密的方式还是以公开的方式展开，这些因素都会影响协商的性质。[①] 下面我们就具体分析哪些制度安排能够帮助公民会议的协商得以有效开展。

第一是团队建设和集体认同感的塑造。小组讨论要想有效开展，首要的任务是塑造为全体成员所共享的基本价值，如相互尊重、心胸开阔、相互包容，并以之指导随后的协商过程。为此，无论是在学习阶段还是在协商阶段，在所有会议室的墙上都悬挂着宣传画报，上面就写着这些基本价值。在讨论时，要求代表们尽量使用复数的"我们"。这些措施都有助于塑造一种休戚与共的氛围，从而强化他们的集体认同感。通过长达 11 个月的共事，他们至少有 13 个周末是一起度过，他们不仅一起参加小组讨论和大会讨论，还一起用餐和住宿，并在网上论坛中继续争辩。长时间的共事让他们结下了深厚的友谊，他们自发成立的校友会就是明证。

---

① John Ferejohn, "Instituting Deliberative Democracy." in Ian Shapiro and Stephen Macedo, eds., *Designing Democratic Institutions*, New York: New York University Press, pp. 75–104.

　　第二，主持人制度。参与者的不同角色对主持人构成了挑战。我们在培训主持人时一般会强调，主持人应该鼓励小组所有的成员都积极发言，参与讨论。主持人的作用是协调小组的讨论，以保证所有的人都有平等的机会表达自己的观点。但是，参加公民会议的公民个体之间还是存在差异的，有些人非常善于谈论，有些人则沉默寡言。在协商阶段，主持人必须控制讨论的节奏，对那些健谈的人进行抑制，以免他们支配小组的讨论。与此同时，又要鼓励那些沉默寡言的人将自己的观点说出来，与大家分享。由于所讨论的议题技术性非常强，因此，主持人还要具备相关的知识，以便在讨论过程中能及时解答大家的疑惑，并引导讨论不断走向深入。

　　第三，网上论坛在协商过程中起了重要的作用，对小组讨论形成了有益的补充。首先，它提供了一个替代性的沟通媒介，那些不太习惯面对面讨论的人可以在这里充分地表达他们的观点，那些对选举制度的技术细节感兴趣的人也可以在这里展示他们的研究心得。其次，它为那些没有机会在小组讨论中相遇的人提供了一个交流的窗口。由于小组成员每周都重新组合，这意味着很多人都不可能在小组讨论中再次相遇，但他们之间可能还有很多问题没有来得及深入交流，网上论坛为他们提供了继续交流的机会。最后，它为信息的汇集和交流提供了平台。很多人去网上论坛可能不是为了发表他们自己独到的见解，而是为了了解其他人的讨论，网上论坛为那些想了解不同小组讨论情况的人提供了一个信息资源的平台。总之，网上论坛成为面对面讨论的一个有益补充。

　　第四，在协商阶段，工作委员会采取了一系列的措施来保证讨论在理性、真诚的条件下进行。例如，组织上的约束（对每次会议议题的规划、专家对讨论过程的引导），时间上的约束（在周末进行），所有的讨论都是封闭式进行的，不对公众开放。这些措施为公民会议的讨论创造了比较理想的环境。大多数公民代表在事后的回忆中都表示，公民会议中的沟通近乎哈贝马斯所说的"理想话语情景"。所有的人都参与到对话过程之中，并能得到平等的对待。由于讨论是封闭式进行的，他们不用担心来自外部的压力，可以自由地改变自己的观点，而无须担心别人指责他们前后矛盾。更为重要的是，这种封闭式的讨论还为公民会议的成员提供了一个保护伞，使他们免于来自利益集团的贿赂或威胁。正是在这些措施的保护下，公民会议成员之间相互理解的水平稳步上升，尽管在讨论过程中也会碰到各种问题，但是，在工作人员的热心帮助和成员之间的相互鼓励之下，这些问题都被克服了。在整个讨论过程中，更佳的论证成为与会者作出判断时最重要的根据。

问卷调查显示，大多数成员都认为整个讨论过程的引导和控制是恰当的，不仅工作委员会所设定的议程是恰当的，主持人在主持讨论的过程中亦能不偏不倚、温文尔雅，有效地引导讨论走向深入，最后使会议圆满地完成了自己的任务。

5. 公民投票阶段

2005 年 5 月 17 日，不列颠哥伦比亚省就如下议题举行公民投票："不列颠哥伦比亚省应该将选举制度改为公民会议所建议的 STV 制吗？"投票的结果是，该建议没有通过政府设定的双重多数门槛：全省 60% 选民的支持、在 60% 的选区获得多数支持。投票结果满足了第二个条件：在全省 79 个选区中，它在 77 个选区获得了多数支持。但是，它没能满足第一个条件，它只获得了 57.7% 的选票，就差 2.3%。尽管如此，我们不能因此就说公民会议没有意义，此次公投的失败并没有将公民会议的建议彻底地否决。我们会看到，一方面，人民已充分意识到现行选举制度必须改革；另一方面，在此次公投中，STV 制度还是获得了大多数选民和各派政治势力的支持。人们认识到，这样的结果在很大程度上是因教育的缺失和对新选举制度的宣传不力所致。因为普通民众对选举制度在技术上的复杂性所知甚少，公民代表对他们进行劝说的唯一机会就是，在协商结束后到公民投票之前的这 5 个月中，他们可以将公民会议的最终报告分发给全省的居民，让他们对此有所了解。这对于弥补普通民众在知识上的不足和了解公民会议的相关信息而言显然是不够的。民意调查显示，在 2005 年 1 月初，大约只有 40% 的民众知道公民会议，但是，在 1 月底，当公民会议报告的简本寄送到每家每户时，知道公民会议的民众马上飙升了 10%。在随后的两个月中，工作委员会没有采取进一步的宣传活动，知道公民会议的民众数量也几乎没有什么变化。3 月下旬以后，才开始缓慢增长，到 5 月 16 日投票时，仍有 40% 的民众完全不知道公民会议这回事。

其实，知道公民会议是一回事，知道 STV 制度是另一回事。毕竟，最后是要就 STV 制度进行投票。因此，从理论上讲，投票者应该是在了解 STV 制度的实质内容及其可能产生的后果之后，再据此判断是否支持这一政策建议。但是，很多人没有做到这一点，他们可能仅仅只是因为相信公民会议就投了支持票。民意调查显示，有 59% 的受访者同意“因为公民会议的成员是和我一样的普通公民，所以我相信他们的判断”。与此同时，对 STV 制度具有正确知识的受访者只有 35%，在投票前曾经就此问题展开过讨论的人只有 22%。更有意思的是，当民众不具备关于 STV 制度的知识时，支持 STV 制度的倾向和反对 STV 制度的倾向不相上下；而那些充分了解 STV 制度的民众中则有 96% 的人投了赞成票。这表明，公众对 STV 制度的相关信息了解越多，就越有可能对它投赞成票。

正因为认识到此次公投在宣传上的不足，在公投之后，省长坎贝尔提议，在 2009 年大选前就此举行第二次公民投票。第二次公投于 2009 年 5 月 12 日举行，但是，不幸的是，这次只有39.09% 的投票者支持采用 STV 制度来改革现行的选举制度。尽管如此，此次公民会议试验及公投的结果还是鼓舞了加拿大其他的省份，它们也加入到选举制度改革的行列中来。例如，2006 年 3 月，安大略省也启动了关于选举制度改革的公民会议，至 2007 年 5 月，公民会议取得圆满成功，会议以绝对优势建议该省采用混合成员比例代表制。安大略省于同年 10 月 10 日就此举行公民投票，63%的投票者拒绝了该改革建议。①

四 启示和意义

不列颠哥伦比亚的公民会议有一些非常独特的地方。例如，它所讨论的议题不是一般的公民会议所讨论的政策议题，而是关于选举制度这样重大的议题；它的跨度非常大，前后经历了一两年时间，仅公民会议正式组建到解散就长达一年，而不是通常的一两个周末；它还提交了一份正式的报告，提出了具体的改革建议；而且，这个改革建议在五个月后还提交全体公民通过公民投票来进行表决。在某种意义上，不列颠哥伦比亚省的公民会议通过新的机制复活了古雅典的直接民主理想，它将建议权和决定权分离，建议权由公民会议掌握，决定权则交给全体人民。一方面，通过将协商局限于一个相对来说规模较小、可控程度更高的公民

① http://en.wikipedia.org/wiki/Citizens%27_Assembly_on_Electoral_Reform_ （Ontario）.

会议，它排除了利益集团对议程安排和政策选项的影响；另一方面，通过公民投票，它将协商过程和正式的制度安排连接起来。

　　当然，我们也不可否认，此次公民会议也存在很多有待深化之处。例如，协商的价值、实践，理性讨论的习惯如何可能从有意识构建起来的公共领域（如公民会议）扩展到更为广阔的公共领域（如公民投票）。我们承认，在协商阶段，公民代表之间的讨论是在一个相对理想的环境中进行的。但是，在公民投票阶段，情况就不那么乐观了。尽管这一阶段也曾举行过一些专门的会议，但是，在这些会议上，企业、劳工组织和一些政治团体在对话过程中占据着主导的地位。对话的环境远远没有协商阶段的闭门会议那么"理想"，更佳论证也没有成为参与者共享的价值。相互理解变成了一个可望而不可即的目标，很多投票者在参会之前基本对选举制度一无所知，或者基于错误的信息而对选举制度持有非常固执的偏见。很多反对 STV 制度的人甚至阻止真正的讨论，严重偏离了理性对话的轨道。当然，这并不是说要将公民投票本身也变成协商式的，要求投票者对其选择给出理由。因为在现代民主体制下，投票是纯粹的意志的表达，它完全不存在协商或说服的问题，秘密投票等制度设计就是为了实现这一目的。我们应该清醒地意识到，协商民主的形式还需要在实践中不断加以完善。

推荐阅读材料：

★ Mark E. Warren and Hilary Pearse, *Designing Deliberative Democracy*: *The British Columbia Citizens' Assembly*, New York: Cambridge University Press, 2008. 这本论文集从不同的角度对加拿大不列颠哥伦比亚省的这次公民会议进行了分析，是目前关于这一问题比较全面的描述，本章的叙述主要参考此书。

★ R.B. Herath, *Real Power to the People：A Novel Approach to Electoral Reform in British Columbia*, Lanham, MD：University Press of America, 2007. 这是一本关于不列颠哥伦比亚省公民会议的专著，对本次公民会议的整个流程进行了详细的描述，很有参考价值。

★ Amy Lang, *A New Tool for Democracy? Citizen Deliberation in the British Columbia Citizen's Assembly on Electoral Reform*, Dissertation for PHD of University of Wisconsin-Madison, 2007. 这是一本博士学位论文，作者花了一年半的时间跟踪不列颠哥伦比亚省公民会议的整个过程，对 57 名参与者进行了深度访谈，详细分析了公民会议的强项和弱点，值得参考。

★ 不列颠哥伦比亚省的这次公民会议有一个专门的网站，各种相关的原始材料均可以在这个网站上找到，有兴趣的读者不妨上去浏览：http：//www.citizensassembly.bc.ca/。

第七章
政策协商：全民健保公民会议

本章阅读重点

★ 如何确定一个范围适当的公民会议议题？

★ 预备会议设计角色扮演环节的用意何在？

★ 观点工作坊相对于谈判式的讨论具有什么样的特点？

★ 全民健保公民共识会议具有怎样的效果？

一　全民健保公民会议的由来

台湾地区全民健康保险（以下简称"全民健保"）制度创立于 1995 年 3 月，是一项覆盖全体台湾民众的强制性保险制度。全民健保制度的实施，使此前超过 40% 的台湾民众从没有任何医疗保险到能够享有一种"低保费、高保障"的医疗福利。台湾全民健保制度堪称物美价廉，所有投保人根据每月收入的高低，只需支付较低比例的保费，就可以平等地享有包括门诊、住院、牙医、中医、检验检查、居家护理、处方药品、预防保健等多方面、高质量的医疗服务。尤其令人称羡的是，如此优质高效的医疗保障，每年所需的医疗支出费用仅占台湾 GDP 的约 6%，显著低于美国、欧洲和日本等国 7%~15% 的水平。因此，台湾全民健保不仅在岛内民众中赢得了高达七成的满意度，而且成为很多国家学习的样板。2000 年，英国《经济学人》杂志的"世界健康排行榜"上，台湾高居第二，仅次于以高福利闻名于世的瑞典。

然而，世界上没有完美的制度。台湾全民健保在成功实现风险共担、社会互助的耀眼光环之下也隐伏着巨大的危机，那就是它入不敷出的财政困境。台湾全民健保从开办第四年起就出现了财政缺口，不得不向银行借款，可是这个缺口却越开越大。究其原因，除了管理上的疏漏和"骗保"等问题之外，更重要的是，人口老龄化发展趋势，由于健保的优质低价而导致的过度医疗，以及医疗科技手段不断进步，都在促使医疗总费用迅速攀升，健保财务危机日趋严峻。

台湾地区的最高行政机关是"行政院"，"行政院"下设的"卫生署"是公办公营的全民健保的主管机关。为了应对全民健保的财政危机，需要对这项关涉全台民众根本福祉的制度进行结构性改革。有鉴于此，"行政院卫生署"于 2001 年 7 月成立了"二代健保规划小组"，邀请专家学者为建立第二代全民健保制度的改革大计进行深入研究和全盘规划。规划小组注意到，虽然全民健保对台湾民众的医疗权益和经济负担有着切实的影响，但有关的政策决定却是完全按照官僚决策的模式作出的，一般民众没有充分的机会和渠道来表达自己的意见，进而影响决策。为了解决健保决策民众参与不足的问题，规划小组决定从 2002 年 1 月起，成立"公民参与组"。这是一个由 8 名来自政治、社会、法律、社会福利和医疗领域的专家学者组成的研究团队，他们的任务是，为普通民众参与直接影响他们切身利益的健保决策，设计出某种新的方式和途径，使他们能够在了解相关信息的基础上，理性地讨论政策议题，从而发现和凝聚一定的公民共识，为相应的行政决策提供重要依据和参考。

这个新的公民参与渠道就是"先驱性全民健保公民会议"。所谓先驱性，就是说公民会议这样一种协商民主参与形式在台湾乃是第一次实践，是在既有的选举机制和团体参与之外开辟的新途径。这次会议是台湾政界和学界协力探索以协商民主的方式来推进和改善公共政策制定的首次尝试，是政府与社会两个层面进行协商民主互动的重要案例。它为日后台湾广泛实践的各种不同层次的公民会议和进行其他协商民主实验（包括协商式民调、公民陪审团和愿景工作坊等）积累了宝贵的经验，并发挥了良好的示范作用。

二　公民会议的筹备过程

先驱性全民健保公民会议包括四天的预备会议（2002 年 6 月 22、23 日和 7 月 6、7 日）和三天的正式会议（2002 年 8 月 3、4、10 日），时间跨度达一个半月之久。不过，对这次公民会议的筹备过程从这一年的年初就已开始，历时近半年。可见，要进行一项协商民主实验需要精密周到的筹划和认真细致的准备。

筹备工作的第一项是成立这次公民会议的规划小组，作为整个项目的总设计师和指挥中枢。规划小组相当于本次活动的执行委员会，负责公民会议的组织和监督工作。这个规划小组由 11 人组成，包括学界代表 7 人（研究领域包括医学、社会学、政治学、法学），企业界代表 1 人，社会团体界代表 3 人（分别来自残联、医师公会和公益基金会）。规划小组吸纳来自不同界别、有着多元观点的代表，是为了公民会议的筹划和组织过程能够向多样化的信息保持开放，不让任何一种特定的观点预先主导了会议的进程。这样，这次公民会议才能从其筹划的源头就恪守协商民主的多元平衡的理性精神，从而确保它的公信力。因此，虽然规划小组吸纳了利益集团的代表，但这些代表作为规划委员必须按照客观公正的立场来参与会议工作，不能时时想着为其利益集团的特殊利益张目。

在规划小组的领导下，公民会议筹备过程的主要工作包括：界定会议的主题、决定挑选公民小组的方法、确定提供给公民小组的阅读材料、提出与公民小组互动交流的专家名单。

这次公民会议虽然是以二代健保制度改革作为基本背景，但是由于会议时间有限，不能把健保制度改革这么笼统的一个大题目作为讨论主题，否则就会由于线索太多、焦点分散而不容易深入，更难达成共识。另外，讨论议题也不能过于狭隘和具体，比如讨论健保给付范围是否应该涵盖某项特定的医疗服务或某种特定的药品，这样则会降低本次公民会议的意义，对健保制度改革的参考价值也不大。经过反复讨论，这次公民会议的主题最终确定为"全民健保保什么？为什么？"，这个讨论主题的实质是全民健保的给付范围，通俗地讲，也就是哪些医疗服务项目和哪些药品可以报销。这不仅是整个健保制度的核心问题，关乎每个投保人的切身利益，而且也是社会争议的焦点。鉴于全民健保面临入不敷出的困境，如何更有效地利用有限的医疗资源，使其发挥最大的社会效益，问题很自然地聚焦在健保给付范围上。由于健保的给付范围与保费的支付比例密切相关，所以另外一个重要的问题就是：作为投保人，你是愿意删减某些报销项目以降低自己的保费负担呢，还是愿意增加保费负担以扩大（或至少是保持）现有的健保范围呢？当然也有人认为，健保财政困境的根本原因与现有医疗资源的使用方式不当，造成低效率和高浪费有关，如果适当调整和改善其使用方式，则可有效缓解财务难题，健保给付范围不见得非要与保费联系起来。总而言之，健保给付范围是一个社会关切度高、争议大，同时又具有明确的焦点、较易操作的公民会议讨论主题。

主题确定之后，下一步重要的工作就是招募公民小组，也就是招募参加本次公民会议的公民代表。在理想状态下，公民小组的招募应该面向与其研讨主题利益攸关的全体公众，在全民健保给付范围的主题下，也就是面向全台湾的公众。但由于本次公民会议是台湾地区的首次实践，作为全新事物要获得社会公众的普遍了解和积极响应，有很大难度。主办方为了降低筹备工作的复杂性，决定从台北县市的社区大学学员中招募公民小组。这是因为，一方面，社区大学学员通常来自社会不同阶层，具有较为广泛的社会代表性，可以在一定程度上满足协商民主的规范性要求；另一方面，社区大学学员比一般社会公众具有更强的公民意识，会更积极地响应公民小组的招募。从2002年4月底到5月底，主办方在6所台北县市的社区大学举行了公民小组的招募活动，招募依据自愿报名的原则。经过广泛的宣传，最后总共有将近70位报名者表示愿意参加此次公民会议。为了保证公民会议的研讨能够有质量和深入进行，根据国际上的经验，公民小组人数的上限一般为20人，因此，就需要采用随机抽样的方法从所有报名者中遴选出20名正式参会者。为使最终参会者作为一个样本能够尽可能反映社会人口特征（要让20个人充分代表所有主要的社会特质是不可能的），抽样要考虑性别、年龄层、职业类别等方面特征的多元均衡。最终选出的 20 人公民小组（其中 19 人全程参加了全民健保公民会议，1 人因故中途退出）的基本情况如表 7-1 所示：

表 7-1　20 人公民小组的基本情况

性别与年龄（岁）	职业	性别与年龄（岁）	职业
女，44	民营公司员工	女，50	保险公司员工
女，47	雇主	男，30	国科会助理
女，41	公务员	男，40	公务员
女，26	人民团体职员	男，50	公务员
女，22	学生（休学中）	男，57	退休人员
女，38	幼稚园司机	男，64	退休人员
女，45	社会福利团体秘书	男，62	民营公司员工
女，68	家庭主妇	男，21	学生
女，52	家庭主妇	男，65	计程车司机
女，42	民营公司员工	男，50	公务员

公民会议的讨论必须是理性、知情的讨论，也就是说，公民小组成员必须对所讨论的主题有较为全面且具有一定深度的背景知识，否则，讨论就容易流于浅俗，错漏百出，失去意义。因此，在会议进程开始之前，规划小组首先为他们寄送了专门准备的阅读材料，内容包括："什么是全民健保"、"全民健保给付的变迁与困境"、"健保的成就与困境"和"健保的经营管理"。考虑到公民小组成员的文化程度，这些阅读材料的撰写都尽可能做到通俗易懂，化繁为简，但又要保证内容全面客观，观点不有失偏颇。

公民会议之所以要分为预备会议和正式会议两个阶段，其中一个重要原因是需要预备会议来帮助公民小组获得关于全民健保的基本知识。这一点光靠事前寄送阅读材料是不够的，还必须在预备会议阶段安排专门的课程进行讲解。而安排预备会议的课程和授课讲师则是筹备阶段的一项主要工作。授课讲师的挑选需要遵循一定的原则：必须相当熟悉有关领域的理论和事务；观点客观中立，不能有明显的立场倾向；有能力引导一般民众的学习兴趣，授课生动活泼。最终敲定了七次课程的安排，每次课都由一位不同的专家主讲。所安排的讲师除个别学院派学者外，大多为在健保行政体系内有丰富操作经验的专家。之所以安排这么多具有官方背景的人士来为公民小组授课，并非是要刻意用官方立场来引导公民会议的走向，而是考虑到这些局内人比纯学院派学者更了解健保制度的实务操作，在授课时能搔到痒处。

三　预备会议阶段

全民健保公民会议的预备会议共分两次召开，时间是在6月下旬和7月上旬的两个周末（6月22~23日，7月6~7日）。

第一次预备会议

第一次会议的主要内容是学习、体验与讨论。学习的部分就是通过专家授课来获得关于全民健保的基本知识；体验的部分是通过一种角色扮演的游戏帮助公民小组体会从不同的视角考虑问题的感受；讨论的部分则是通过分组自由对话来提出他们关心的议题。

第一天授课，公民小组成员都准时到场，并领取了上课所需的材料。整个授课过程有录像和录音设备记录全程，并有专门人员逐字逐句记录所有发言。在一天半的时间里，主办方安排了较为密集的课程，由 7 位讲师分别就"什么是公民会议"、"什么是全民健保"、"全民健保的钱从哪里来，花在哪里"、"全民健保的经营管理"、"全民健保的成就与困境"、"全民健保给付的变迁与困境"、"钱不够怎么办"等主题进行授课。授课讲师尽量以通俗易懂的语言向公民小组介绍有关公民会议本身及台湾健保制度的基本情况和问题，为后面公民会议的正式讨论奠定知识和信息的基础。

授课结束后，第二天下午进入到角色扮演的环节，做法是设计一个特定的场景，并给参与者指定专门的角色，要求参与者从角色的立场出发考虑问题和表达观点。由于一般公众在面临有重大争议的社会政策时，往往习惯于只从自身的角度出发去看待问题，因此，这个环节的用意就在于帮助参与者学习摆脱本位主义，尝试从各种不同的立场来思考问题，从而扩展视野，为通过深入讨论达成交叠共识做好准备。在这个角色扮演游戏中，主办方设计的场景是十分切合本次公民会议主题的：假设"卫生署"因为健保财政危机日益严重，决定将感冒治疗从健保报销范围中删除，有五个预先设定的角色将参与讨论，分别是"卫生署长"、一般民众、基层诊所的经营者、医学中心的院长和"立法委员"。公民小组成员通过抽签选择自己扮演的角色。"卫生署长"率先发言，因为首先要有政策公布以引发社会讨论。"卫生署长"需要说明政策的具体内容和为何制定这样的政策，关键是要为所出台的政策给出合理性的论证，以说服公众接受。接下来一般民众与利益集团代表（小诊所和大医院的负责人）要分别从各自的立场表达对这一政策的意见。然后"立法委员"要在听取民意的基础上对政府的政策提出意见。最后，"卫生署长"要再度发言，重新评估政策的执行。由于公民小组成员都是一般民众，要让他们从政策制定者、利益集团和民意代表的角度思考问题是有很大难度的。要在一定程度上克服这个困难，主办方主要从两个方面入手，一是通过此前一天半的授课，帮助他们了解了围绕着健保制度改革的争论各方所持的基本立场及其原因，二是专门为角色扮演准备了观点持中的材料，提示每个设定角色可能具有的几种不同思考方向。当然，这一材料是经过规划小组审阅同意的，其基本原则是不能对公民小组产生思考方向上的诱导。当角色扮演环节结束后，会议主持人又请公民小组成员发表对角色扮演的感受，并请他们再次考虑自身对"感冒治疗不纳入健保报销"这一假设政策的看法，同时体会自身立场与角色立场之间的差异及其缘由。这次角色扮演游戏取得了良好的效果，公民小组由于掌握了一定的相关知识，扩展了看待问题的视野，都能够做到摆脱只考虑自我利益的对抗式争论，而实现基于理性公正的立场来客观公允地沟通交流。这个环节的设计起到了某种协商民主方法论训练的作用。

角色扮演之后，当天下午还有一个自由讨论阶段。这时，公民小组被分为几个分组，每分组自行产生主席、报告人与记录人，然后分头开会，独立提出本组成员所关心的有关健保制度改革的议题及其理由，并予以记录，以作为下次预备会议上公民小组全体讨论的内容。至此，第一次预备会议就告一段落。

第二次预备会议

第二次预备会议在第一次预备会议的两周之后召开，会期仍旧为两天。首日会议以观点工作坊为会议形式，目的是要凝练全民健保公民会议的正式会议所要讨论的议题。

☞　小贴士：

观点工作坊（perspective workshop）由丹麦科技委员会首创，最早是一种通过鼓励公民参与对科技议题的讨论，从而评估科技决策对公民的影响的公民参与形式。从理念上说，观点工作坊强调 SWOT 分析，也就是要分析一个讨论对象的优点（Strengths）、缺点（Weaknesses）、变革的机会（Opportunities）和可能遭遇的威胁（Threats）。观点工作坊致力于推动的是一种非谈判式的、亦即非讨价还价式的讨论，目的在于相互激发并相互吸收不同的观点，进而提出不同层次的行动纲领。

观点工作坊一般按照以下步骤进行：

第一，现在——参与讨论者说出自身的经验；

第二，结果——参与讨论者指出可能的改革机会和可能遭遇的威胁；

第三，对未来的想法——参与讨论者提出对于未来的愿景；

第四，观点——参与讨论者设想如何实现他们所企望的未来。

按照观点工作坊的一般模式，公民小组要首先讨论当前主题的优缺点，然后再就如何进行改革提出不同的观点。据此，这次观点工作坊具体分为四个部分展开，主题依次为"保大病不保小病"、"给付范围与保费负担"、"提高部分负担"和"综合讨论"。前三个主题实际上是关于健保给付范围改革的三种可能的政策思路。公民小组首先讨论了这三种政策主张本身的优缺点，接下来又探讨了如果实施该项政策主张，则会对全民健保带来哪些正面和负面的影响。观点工作坊是在主办方选定的主持人的协助和引导下进行的。主持人必须持中立的立场，他的工作重点在于控制讨论的进程，保证让每位公民小组成员都能够较为充分地表达自己的意见，同时还要记录所有可能促进未来讨论的暂时性结论。观点工作坊的整体进展堪称顺利，公民小组的讨论渐入佳境。

观点工作坊是 19 名公民小组成员的全体讨论，这种大会讨论结束后，主办方又仿照第一次预备会议次日下午的做法，安排公民小组进行分组的小会讨论，仍然是每个分组自行产生主席、报告人与记录人，讨论的主要内容是提出哪些具体问题作为正式会议的议题。各个分组的小会开完，大家再重新聚在一起开大会，由每个分组自选的报告人将本组讨论的重要问题向大家报告。分组报告结束后，主办方请三位规划小组的专家进场，帮助公民小组整理问题，形成一个初步的问题清单，并取得公民小组对这个整理结果的认可。该清单如表 7-2 所示。

表 7-2　公民小组的初步问题清单

议题
我们要不要调整给付项目？
问题一：在资源有限下，全民健保的给付范围与原则为何？
问题二：是否应该删减某些给付项目？
问题三：是否应该增加某些给付项目？
我们该如何减少医疗浪费？
问题一：如何防治医疗院所浪费医疗资源的行为？
问题二：如何防治民众浪费医疗资源的行为？
问题三：如何强化健保局的行政管理？
我们要不要调整保费？
问题一：调整保费的必要性为何？
问题二：保费调涨机制如何制度化？
问题三：保费调涨如何兼顾社会公平，并提升医疗品质？

第二次预备会议次日的讨论就从上述议题列表开始，希望公民小组在专家的提醒下进一步思考列表中的这些问题还可以如何引申，以及是否还有其他问题需要考虑。程序依然是先大会集中，再分组讨论，再大会集中报告分组讨论结论。讨论的结果是，公民小组确认把上述问题作为正式会议讨论的议题。

由于正式会议的一个重要环节是公民小组与专家就拟定的议题进行对谈，因此需要在预备会议上确定对谈专家的名单。这个专家名单是由规划小组根据公民小组拟定的议题，按照专业对口的原则来提出的。公民小组可以根据对每位专家的简要介绍来决定是否认可这份名单，他们也可以提出增加或删除某位专家的意见。

确定了正式会议的议题和对谈专家名单，预备会议的最后两项内容就是讨论正式会议的议事规则和公民小组的分工。议事规则由规划小组草拟，然后经由公民小组讨论后通过。该规则只有当正式会议上出现重大意见的冲突时才会使用。由于在正式的公民会议上，公民小组要像一个自治团体一样，自行在讨论的基础上完成撰写结论报告，并对外发布报告，因此他们需要内部分工，推选数位记录会议讨论重点的记录人，三位撰写结论报告的主笔人和一位负责向相关政府部门和民间团体代表报告会议结论的公民小组主席。这项重要的劳动分工确定后，预备会议就正式宣告结束。

四　正式会议阶段

经过紧张而有序的筹备及两次预备会议的预热，先驱性全民健保公民会议的正式会议终于在 2002 年 8 月 3 日如期召开，会期共三天。正式会议的主要内容有两项，一是公民小组与专家之间围绕着预备会议上形成的问题清单进行交流，二是由公民小组自身就如何回答这些问题努力寻求共识，形成结论报告。

公民小组与专家对谈的部分又分为两个阶段进行。前一个阶段由预备会议所认可的各位专家来依次回答问题清单上的各个问题。如表7–2所列，正式会议的议题共有三个大问题，九个小问题，主办方相应地邀请了八位专家来一一予以答问。这个阶段共安排了30分钟时间，每位专家平均只有3~4分钟。因此，从这个环节的设计上来说，专家回答问题不同于预备会议上的授课，不需要长篇大论，只需言简意赅地点出问题的要害即可。在专家们简要回答完问题之后，对谈的后一个阶段就是一个小时的自由交流。总体来说，公民小组在经过预备会议的学习和讨论之后，对全民健保已经有了较为深入的了解，在这个阶段与专家的互动中所提的问题往往能做到有的放矢，双方讨论极为热烈。

与专家对谈部分完毕之后，公民小组转入内部讨论。他们在了解了有关专家在每个问题上的意见之后，继续针对清单上的主要议题与具体问题展开探讨，并努力凝聚共识。全部讨论都由公民小组自行推选的记录人予以记录。到了正式会议第二天的下午，进入到综合讨论阶段。由于会议已经临近尾声，需要公民小组在综合讨论阶段对他们在预备会议上提出的那个问题清单逐一给出明确的回答。这个回答必须建立在公民小组成员的共识基础上，如果对某个问题还不能形成共识，那就要记录下所有不同意见。这些有共识或尚无共识的回答汇总在一起，就将作为本次公民会议的正式结论。因此，这个综合讨论阶段作为发现和凝聚共识的关键阶段，对主持人引导和掌控会议进程的技巧提出了很高的要求。由于主办方经验不足，在这个阶段没能如期完成对所有问题的结论性讨论。考虑到正式会议的最后一天公民小组就要向政府官员和民间团体代表报告会议的正式结论，已经没有时间把所有问题讨论完毕，主办方想出了一个补救的办法，就是把所有的相关会议记录提供给公民小组自选的三位主笔人，请他们依据这些记录撰写结论报告。在正式会议的第二天与第三天之间相隔了一个星期，是专门留出来给主笔人完成结论报告写作的。三位主笔人经过两次集中协商和整理，如期完成了结论报告。

正式会议的最后一天共有两项主要工作。上午的任务是由公民小组全体成员确认通过主笔人所撰写的结论报告，下午的工作是专家评阅报告和对外发布结论报告。上午的会议一开始，三位主笔人首先简要说明自己分工负责的部分的主要内容，接下来给公民小组留出较为充分的时间，以便他们能够认真阅读这份报告，指出需要改进的地方。在修正报告阶段，公民小组成员可自由提出疑问和修改意见，主笔人先予以初步回应，如其回应令人满意，则不作修改，如不令人满意，则公民小组一起讨论如何修改。

到了下午，首先由规划小组的三位专家评阅报告，但是他们只负责指出事实性的错误，也包括一些专门术语的使用不当和错别字，但不能影响公民小组自身观点的表达。接下来的重头戏便是对外发布结论报告。主办方专门邀请了与全民健保改革密切相关的政府官员和民间团体（包括医事团体、工会团体和社会福利团体）代表来到会场，请公民小组推选的主席向这些来宾报告了本次公民会议的正式结论。之所以要邀请这些有关方面前来聆听结论报告，一则是因为结论报告的内容对他们都具有参考价值，二则是因为借此可以让更多的人了解公民会议的运作及其所体现的协商民主精神。

根据最终的结论报告，公民小组对目前全民健保所设定的给付范围总体上十分满意，因此不主张大幅度增删给付项目。但考虑到维持这一给付范围所面临的财政缺口，公民小组同意适度调涨保费，但是又强调必须采取切实措施解决医疗浪费，提升医疗品质，并使社会公众的健保财务负担分配更为公平。

在给付范围调整的问题上，公民小组认为必须坚持几个原则：首先是社会互助原则，这是全民健保最重要的意义所在；其次是权责相符原则，要让民众意识到医疗资源总体有限，每个人在享受权益的同时也要承担相应的责任；再次是健保的钱要花在刀刃上，避免浪费；最后是健康促进与预防的原则。

减少医疗浪费要从两个方面入手。就医疗诊所而言，公民小组认为必须做到：药品价格公开，门诊人数设限，合理分配医疗器械采购权，检讨当前所实施的"医药分业"的成效。就一般民众而言，公民小组建议的对策包括建立民众家庭医生制度和落实转诊制度。

关于提高保费，多数公民小组成员表示同意，但是强调"卫生署健保局"必须公开其健保财务状况，保证公众的知情权，时刻体察民意。公民小组也建议保费费率调整的制度化可以以经济发展率和物价指数的变化为主要依据。为促进保费负担的社会公平，公民小组建议取消目前实施的以职业分类为基础的保费负担方式，而完全改用收入多寡为保费计算方式。

除了以上共识性结论之外，公民小组在其他一些问题上仍存在巨大分歧。例如，对个人故意行为所造成的伤害，是否健保应规定不予报销？又如，是否应当适度增加民众支付的负担以遏制泛滥的过度医疗现象？

五 全民健保公民会议的效果

先驱性全民健保公民会议是台湾地区协商民主实践的开端。这次公民会议的主办方具有官方背景，但是公民会议的结论报告本身并不具有法定约束力，仅作为一种在理性、知情的讨论中所反映出来的民意供行政决策者参考。因此，这是通过协商民主沟通政府决策与社会参与的一次可贵尝试。有人指出，2002 年 7 月底，台湾"卫生署"刚刚宣布了健保"双涨"政策，即从当年 9 月起将要调涨健保费率和部分看病支付费用，以缓解健保财政危机，而全民健保公民会议恰恰在这一期间召开，而且其结论报告又大体上支持政府的"双涨"政策，因此，这次公民会议不仅没能影响实际的政府决策，反而有为特定政策制造民意合法性的嫌疑。这种批评貌似有理，但是也过分贬低了此次公民会议的意义。如前所述，本次公民会议的酝酿和筹备早在 2002 年年初就已经开始，即便是预备会议的召开时间也早于"双涨"政策的正式公布，说它只是为了给特定政策背书是站不住脚的。这次公民会议的报告结论与"双涨"政策有一致之处既存在某种巧合，也间接说明该政策确实具有一定的合理性。更重要的是，全民健保公民会议的结论报告虽然支持"双涨"，但这种支持是有条件的，即健保行政主管部门必须透明地公开健保财务状况，供公众监督。此外，这份结论报告还提出了一系列与健保给付范围调整与缓解健保财务危机相关的政策观点，包括避免浪费、重视预防、健保费率调整制度化等。这些内容已经远远超出为"双涨"政策提供民意合法性的范围。它们虽然没能成为这次"双涨"政策的直接制定依据，但是却不能说对更为长远的第二代全民健保制度改革毫无参考价值。事实上，时任"卫生署长"确曾对媒体表示，关于全民健保改革的最终决策一定会参考公民会议的结论。

除了影响政策制定的外部效果之外，正如有台湾学者指出的那样，公民会议一般还具有"讯息沟通、公众教育与公共对话"的效果。具体就这次全民健保公民会议而言，讯息沟通主要体现在专家与公民小组的对话上。表面上看，专家要给公民小组授课，要回答他们的提问，似乎讯息沟通主要是从专家到公民小组单向流动。但是，像全民健保这种影响全台民众根本福祉的制度，其运作的实际效果，对一般民众所发生的影响，不可能是专家学者足不出户就可以了如指掌的。因此，公民小组与专家的对谈同时也能够把健保制度当下的运作情况及某项特定的改革措施将会对一般民众的生活造成怎样的影响等重要讯息传递给作为政策设计者的专家，使未来的政策考虑更具合理性。

所谓公众教育，对公民小组成员来说，他们参加这次公民会议首先使自己深化了对全民健保的认识。根据主办方在会前、会中、会后对公民小组所作的三次调查问卷和访谈的前后对比，他们对健保议题的了解程度从会前22%的人表示完全不了解和72%的人表示部分了解，提高到了会后90%的人都表示自己大部分了解。当然，举办公民会议的目的并不在于把一般公众培养成健保问题专家。事实上更重要的意义在于，这次公民会议使参与者对公共事务的关注和参与意愿显著提高。调查显示，83%的人表示他们关心公共事务的兴趣大幅度提高，86%的人表示此次会议之后他们会主动关心全民健保的讯息并与他人讨论。换言之，公民会议的公共教育意义更多地体现在它有助于培养和塑造积极公民。全民健保公民会议的实践表明，一般公众并非没有意愿，也非没有能力参与公共事务的讨论，关键在于要为他们的参与创造适当的条件。

最后，一次公民会议的召开，往往会通过媒体的报道而成为社会公众普遍关注的事件，从而借此契机刺激全社会以不同方式对有关问题展开公共对话。不过，此次全民健保公民会议由于是台湾地区的首次实践，主办方为避免外界干扰影响会议进程，所以审慎地决定采取不公开的原则，在整个会议期间都没有联系媒体采访。尽管如此，本次公民会议还是在不同程度上引起了社会的关注。特别是在其结论报告对外发布后，这次会议关于全民健保议题的讨论更是进一步推动了有关的公共对话。而本次会议所引进的公民共识会议这种协商民主公共对话的形式，则比它的结论报告具有更为长久的生命力和影响力。它提示人们，在公共事务决策领域，除了人们所熟悉的利益博弈和投票议决之外，还有一种精神迥然不同的民主实践，那就是通过理性知情的讨论寻求共识基础上的更佳决策。先驱性全民健保公民会议的举办为这样一种崭新的协商民主实践提供了可贵的经验积累。

推荐阅读材料：

★《先驱性全民健保公民会议的筹备过程》，《先驱性全民健保公民会议的预备会议》，《先驱性全民健保公民会议的正式会议》。来源：台湾大学社会学系科技、社会与民主（TSD）网站。关于这次公民会议的相关资料，均可从 TSD 网站下载：http://sociology.ntu.edu.tw/~tsd/nhiconsensusconference.htm，2013 年 5 月 26 日访问。这是"二代健保公民参与组"研究团队关于此次公民会议筹备过程、预备会议和正式会议的详细记录，并且认真总结了主办方的经验和教训，对于公民会议的研究者和实践者都颇具参考价值。本章的写作也主要参考了这些资料。

★ 林国明、陈东升:《公民会议与审议民主：全民健保的公民参与经验》,《台湾社会学》2003 年第 6 期。网络下载地址：http：// sociology.ntu.edu.tw/ntusocial/journal/ts–6/ts–content–6th.htm，2013 年 5 月 26 日访问。两位作者都是"二代健保公民参与组"的主持人，也是全民健保公民会议的设计者和操作者。该文试图通过分析这次公民会议的实践经验来验证协商民主的一些核心理论命题。

★ 陈东升:《审议民主的限制——台湾公民会议的经验》,《台湾民主季刊》2006 年第 3 卷第 1 期。网络下载地址：http：//www. tfd.org.tw/docs/d3t1/04.pdf，2013 年 5 月 26 日访问。这是一篇专题学术论文，作者一方面梳理了几种对审议（协商）民主的代表性批评，另一方面又根据台湾在举办公民会议方面的丰富经验来反思这些批评的适当性，最后给出了作者自己对这些批评的回应。如果读者关心公民会议作为一种协商民主实验在实践方面具有哪些局限性，可以参考此文的分析。

第八章
治理协商：外嫁女上访问题的化解

本章阅读重点

★ 协商民主为什么有助于解决和控制社会冲突？

★ 冲突解决导向的协商民主应注意哪些问题？

★ 协商与讨价还价能否相容？

一 为什么要关注外嫁女上访问题的协商？

熟悉协商民主的人可能会感到奇怪，为什么我们这本专门介绍协商民主技术的书没有选择浙江温岭的协商民主实验作为案例，而是选择了广东惠州的这个案例。按理说，中国基层的协商民主发育最为完善的是浙江温岭的民主恳谈会，应该选它才对。我们之所以没有这么做，主要出于以下两点考虑。

一是温岭这个案例已经积累了大量的研究。仅就一项活动所产生的学术文献而言，温岭的"民主恳谈"活动就已经创造了一项奇迹。最近十年间，在国内学术期刊上公开发表的以温岭"民主恳谈"为研究对象的论文达 60 多篇，国际学术期刊上公开发表的论文 1 篇。除此而外，还有若干篇以此为主题的硕博士学位论文，有的已经公开出版。[①] 因此，关于这个案例的相关资料不仅非常丰富，而且很容易获取，随便在网上一搜，就可以获得大量的相关资讯。

二是类型学上的考虑。温岭的民主恳谈会主要针对的还是公共政策，关于这种类型的协商民主，我们前面介绍的台湾地区全民健保公民会议已经涵括了，而针对社会冲突的协商民主案例则比较少见。我们知道，今天中国社会治理面临的一个巨大挑战就是，改革开放 30 多年积累的各种社会矛盾进入了一个集中爆发的时期，维稳的压力异常之大，形势非常严峻。那么，协商民主是否能够有效地化解社会冲突？学界在这个问题上是有争议的。有人认为，协商民主无法解决多元社会中的认同问题，无法为社会冲突中的弱势群体提供强有力的制度保障。相反，德雷泽克（John Dryzek）认为公共领域的协商民主可以用来解决社会冲突问题；费什金（James Fishkin）教授通过政治实验发现协商民主有利于促进互信，扩大共识，从而有助于解决和控制社会冲突。在中国，有人认为协商民主并没有解决上访的问题。例如，温岭以举办各种协商民主而著名，但是那里还是不断有人上访。民主协商并没有在那里减少上访的人数和次数。由此，有人断言协商民主并不利

---

① 比较有代表性的文章和专著包括：何包钢、王春光《中国乡村协商民主：个案研究》，《社会学研究》2007 年第 3 期，第 56~73 页；何俊志：《权力、观念与治理技术的接合：温岭"民主恳谈会"模式的生长机制》，《南京社会科学》2010 年第 9 期，第 49~56 页；郎友兴：《中国式的公民会议：浙江温岭民主恳谈会的过程和功能》，载《公共行政评论》2009 年第 4 期，第 48~70 页；陈朋：《国家与社会合力互动下的乡村协商民主实践》，上海人民出版社，2012。

于解决社会冲突问题。但是，我们在广东惠州的这个案例中发现，协商民主确实有效地化解了外嫁女因为权益受损而导致的上访问题。这正是这个案例的价值所在，它让我们看到了协商民主在解决社会冲突问题方面所具有的潜能，以及协商民主在解决社会冲突过程可能遭遇的问题。

二　外嫁女为什么要上访？

改革开放 30 多年来，沿海发达地区人民创造了丰硕的物质财富，村庄集体经济实力与日俱增的同时亦存在一些社会矛盾和社会冲突，出嫁女的权益就是其中的一个棘手问题。出嫁女问题的产生主要是与村集体土地带来的经济收益迅增息息相关。早在 20 世纪 80 年代时，我国农村地区土地实行家庭联产承包责任制，调动了农民生产的积极性。90 年代随着广东地区经济发展的加快，许多农村集体土地被政府统一征用开发，农民失去了赖以生存的土地资源。政府为了解决农民征地后的生活经济来源问题，以回拨地（回拨地是指政府征用土地后，按照一定比例划拨给被征地农村集体组织发展集体经济的建设用地）的形式留给各个村集体作为其后续发展的资源，这就改变了传统意义上土地的用途。由于工业化的加快，土地的价值日益得到了凸显，从而也产生了基于土地的、不再是农业收入为主，而是由于土地出租等所带来的村集体经济收入大幅度增加的现实。原有的土地承包权问题演变为集体分红、福利和宅基地分配等权益问题。进入 90 年代，随着户籍改革，已婚女子户籍不必随夫婚迁，子女户籍可随父亲或随母亲落户，因此出现了不少出嫁女及其子女在结婚后仍保留户口在原村，有的仍住在本村并以此为由要求分享村集体的利益。由于缺乏一套制度化的解决机制，外嫁女享受不到集体经济利益分配的事情时有发生。因此，她们多数通过上访的途径来表达利益诉求。

2007年9月20日某村40余名外嫁女上访区政府，联合签名递交了"关于要求享受村民集体经济利益分配的要求"。出嫁女集体上访、越级上访不断出现，两次上访广州，有的还去了北京。出嫁女利益分配问题已经成为本地经济发展和社会转型中出现的敏感性社会问题，也是该地区经济发展中必须认真面对和解决的问题。这一问题若得不到及时的解决，其影响将是多方面的。从出嫁女自身的角度看，长期不间断的上访，不仅会浪费其相当一部分的财力，造成她们身体心理疲惫，与村民关系紧张，而且上访费力大，成效小，因为即使上访，最终问题的解决还是要在村集体内部进行；从社会角度而言，这一部分群体的利益诉求如果得不到很好的解决，将会对社会的稳定造成一定的负面影响，易形成群体性事件，将直接影响和谐社会建设。

在解决出嫁女参加村集体利益分配问题上，现行的方法有以下几种。

1. 行政手段。X区维稳中心在2007年11月和12月两次深入基层，促成村小组开会，但调解无效。政府调节发挥作用的余地较小。在近几年村民选举日益激烈的政治格局下，地方政府对村干部的控制能力大大减弱了，地方政府也不能通过罢免来迫使村干部屈服。地方政府工作人员打电话要求组织开会，村干部甚至不接电话或推说有事。村干部还拒绝召开解决外嫁女问题的会议。村民也不参加外嫁女的会议，近几年的群众会议开不成，连大会场也没有。

2. 乡村民主的问题。因为中国农村实行村民自治，广大农民群众直接行使民主权利。即使基层政府要求给予出嫁女享受分配权，但是各村民小组可以以村民自治为由，通过村民会议表决，不同意给予分配，出嫁女最后还是不能参与集体利益分配。笔者查阅了村的原始档案，几乎所有村都通过正当的民主的程序否定出嫁女的分配权。例如，2007 年 12 月 6 日，某村小组合格选民79 人，反对分配的 64 票，同意分配 11 票，弃权 2 票。决议书还写道，村规民约不给予外嫁女分配权。

3. 法律手段。司法裁决也难于解决这个问题，由于缺乏明确的法律依据，法院往往以诉讼案件属于村民自治范围为由拒绝受理，有的法院即使受理该类案件也是从其他民事法律关系着手，对解决出嫁女权益争议没有普遍指导意义。另外，法律未规定县级或县级以上各级人民政府可以对村民自治范围的事项具有强制执行的行政处理决定职权。

4. 传统的协调手段。为了有效解决出嫁女的权益问题，X 区乡镇（街道）做了大量的协调工作和提出了许多指导意见，但问题还未能从根本上得到解决。早在 2007 年 9 月 X 区维稳中心就某村出嫁女 30 人反映村小组剥夺她们分配资格问题进行了调解。分别于 2007 年 11 月 7 日、11 月 23 日、12 月 6 日成立了三个工作小组前往该村宣传有关的法律法规，并促成村小组召开村民会议商讨出嫁女利益分配问题，但由于各村大多数村民群众仍不同意出嫁女参与集体经济利益分配，所以调解没有结果。部分村民对出嫁女利益分配问题不理解、不接受，甚至不参加会议或中途离开会场，或者由于外嫁女和原居民都不能心平气和地进行沟通而争吵起来，最后导致会议开不下去的场面。罢会、不协商等行为只是暂时地逃避解决这一问题，而随着更多的女孩子出嫁，这一问题将是农村经济社会发展中不可能绕过去的难题，也只有及时地解决这一问题，才有利于新农村建设和整个农村社会的稳定和发展。

不难看出，问题的症结在于村民自治中大部分村民不同意出嫁女分享村集体的经济利益，无论是通过何种途径，最终出嫁女的权益能否得到实现还需要在本村集体范围内通过村民代表大会讨论通过。因此，做好村民与出嫁女之间的协商应是工作之重心。

三　外嫁女与村民如何协商？

民主协商的主体是村民，必须靠民主协商来解决问题。尽管以前也有过协商，但其效果甚微。现在我们通过社会科学方法进行民主协商。它不是由政府通过行政手段来解决这一问题，而是由政府提供一个平台，让村民通过民主协商自己来解决出嫁女是否有权参与村集体利益分配的问题。

此次在 A 村举办的解决出嫁女分配权益的协商民主恳谈会分为三个阶段：一是前期准备阶段；二是宣传动员阶段；三是民主协商阶段。

1. 前期准备阶段

前期准备阶段，主要在 2009~2010 年聘请该领域知名专家学者，进行相关问题接洽沟通和走访，召开前期工作会议，初步明确工作目标、任务等基本情况。

A 村总面积 5.5 平方公里，下辖 6 个村民小组，有人口 183 户共 833 人。近年来，该村充分发挥地缘、人缘和资源优势，积极开展村企合作。2003 年该村集体经济收入 9 万元，2008 年村集体收入达 220 万元，5 年时间集体经济收入增长 24 倍多。目前落户该村的有东风本田、金和精密机械、塑胶五金制品等 10 多家企业，成为 X 区经济社会发展较快的村之一。根据村统计，2009 年村集体经济收入达 402 万元。

A 村现在共有未迁出户口的出嫁女 48 人，分布在六个村民小组。她们所要求的集体利益分配主要是来源于政府在 1994 年征地时给每个村民小组回拨的 3 万平方米回拨地的收入，不存在五边地的收益问题。根据 X 区办事处维稳中心 2007 年 11 月 15 日的统计，A 村出嫁女（当时共 27 人）的类型有：户口在本村，人长期居住在 A 村，并有履行村集体相关义务与责任的，有 14 人；户口在本村，人是不间断地在 A 村居住，每年约住 2~6 个月不等，有履行一部分村集体相关义务与责任的，有 7 人；户口在本村，人不在本村居住，但有履行过村集体相关义务与责任的，有 6 人。

2009~2010 年，相关的专家学者数次赴该村进行走访调查，了解外嫁女和村民对相关问题的看法。但是，这一看似简单的过程并不简单，当专家学者们最初进入该村调研时，外嫁女们对他们怀有很深的敌意，甚至有人破口大骂，认为他们是被政府收买，来帮政府说话的。这些专家学者耐心地给她们解释，这些专家学者们不拿政府的一分钱，此行的目的是为了了解外嫁女和村民双方关于外嫁女权益问题的看法，以及各自主张的理由。学者们不站在任何一方，只希望如实了解情况，并帮助建立一个沟通平台，使得外嫁女和村民可以平等沟通，共同寻找解决问题的办法。经过耐心细致的工作，专家学者们终于赢得了外嫁女们的初步信任，并圆满完成了初步的调查工作，为下一步的宣传动员打下了良好的基础。

2. 宣传动员阶段

2010 年 2~5 月为宣传动员阶段。根据某村"出嫁女"的实际情况，做好协商恳谈会前的各项准备工作，包括对村民和"出嫁女"等宣传发动、邀请会议专家、会务筹备、工作人员抽选培训等。与其他的（特别是国外的）协商民主实验相比，此次协商民主在这个阶段的工作有两个突出的特点。

（1）宣传动员。这是极富中国特色的工作方法，可以说，协商民主实验在中国的展开过程中，不是简单地照搬西方的模式，而是将协商民主的技术嵌入到原有的工作机制之中，通过对原有工作机制的改良来实现的，因此，它一定是原有的工作机制和协商民主技术的混合物。原有的工作机制是基本的骨架，协商民主技术是其有机组成部分。

（2）没有通过抽样的方式来产生民主协商的参与者。这是由该类型的协商民主的性质决定的，因为其目标是解决社会冲突，因此，所有的利益相关方都理所当然地应该参与协商过程。在具体操作过程中，选择年满18周岁的人参加，这样的方法保证了每一个具有选民资格的村民和出嫁女都有机会发表言论，充分行使权利，参与到这一民主恳谈中来，参与者具有充分代表性，为民主、科学决策奠定了基础。考虑到行政村规模过大，无法找到合适的开会场所，因此，在操作时是按照自然村来进行的。5月初，张榜公布参与者名单，进行公示，对名单有异议的，可向领导提出。

3. 民主协商阶段

2010年5月6日召开协商恳谈会，使双方充分互动沟通，并由专家现场回答、讲解，为解决"出嫁女问题"探索思路和方法。

和一般的协商民主实验一样，此次协商恳谈会也是采取小组讨论和大会讨论相结合的方法，将参加会议的全体成员分为十几个组。先在小组讨论中让每个人充分发表意见，然后再大组集中讨论。为了保证民主协商恳谈会的公正性，组织者培训了深圳大学的老师或学生来主持小组会议。主持人不带任何倾向性，而且和村民之间没有任何的直接利益联系。参与者在协商前后两次填写民意测验表。

整个协商过程除了一整天的正式协商外，还伴有大量非正式的协商活动，后者的作用决不可低估。从协商过程来看，A 村经过反反复复十几次的协商。村领导首先跟外嫁女开了十四次会议，然后又召开村两委会，说服村的主要干部。然后又和六个小组长开会，说服组长和副组长，得到 60% 的支持。最后召开村民代表大会，取得了大多数人的支持，其中一个人弃权投票。

在协商过程中，村民和出嫁女提出和讨论了各种赞成和反对出嫁女分享村集体经济利益的理由，现将这些理由证据整理如下。

（一）赞成出嫁女分享村集体经济利益的理由

1. 基于现行法律和政策规定

《宪法》第三十三条规定，凡具有中华人民共和国国籍的人都是中华人民共和国公民，中华人民共和国公民在法律面前一律平等。许多出嫁女将宪法的这一条规定理解为保障自身合法权益的最终法律依据。《中华人民共和国妇女权益保障法》第三十二条规定："妇女在农村土地承包经营，集体经济组织收益分配，土地征收或者征用补偿使用以及宅基地使用等方面，享有与男子平等的权利。"第三十三条规定："任何组织和个人不得以妇女未婚，结婚，离婚，丧婚等为由，侵害妇女在农村集体经济组织中的各项权益。因结婚男方到女方住所落户的，男方和子女享有与所在地农村集体经济组织成员平等的权益。"广东省实施《中华人民共和国妇女权益保障法》办法（2007 年 10 月 1 日施行）第二十四条规定："农村集体经济组织成员中的妇女，结婚后户口仍在男方家所在地，或者离婚，丧偶后户口在男方家所在地，并履行集体经济组织章程义务的，在土地承包经营，集体经济组织收益分配，股权分配，土地征收或者征用补偿使用以及宅基地使用等方面，享有在本农村集体经济组织其他成员平等的权益。"符合生育规定且户口与妇女在同一村集体经济组织所在地的子女，履行集体经济义务的，享有前款规定的各项权益。办法同时认为，村民自治章程、村规民约及村民会议或者村民代表讨论决定的事项不得与宪法、法律、法规和国家的政策相抵触，不得有侵犯村民的人身权利、民主权利和合法财产权利的内容。

此外，中共惠州市委办公室惠州市人民政府办公室于2008年发布的3号文件（关于切实维护农村妇女财产权益的通知）中，规定要维护农村妇女的集体收益分配权益。农村集体经济组织成员中的妇女，在土地承包经营、集体经济组织收益分配、股权分配、土地征收或者征用补偿费使用，以及宅基地使用等方面，享有与男子平等的权利，任何组织或个人不得以妇女未婚、结婚、离婚、丧偶等为由，侵害其合法权益。在维护集体经济组织成员中的农村妇女依法享有各项财产权益的同时，要严格按照相关法律法规的要求，保障其落户本集体经济组织且履行相应义务的配偶和符合生育规定所生子女，享有与本集体经济组织成员平等的财产权利。

2. 基于现代公平公正观念

妇女要求分配权，基于现代公平公正的观念。人与人平等、男女平等是现代社会的基本理念。很多出嫁女指出，"同我从小在一个村里长大的男孩，他们结婚后，娶进来的妻子以及孩子都有分配权，本村男子一个人结婚后增加了几个人（指妻子和小孩）集体利益的分配，而我们出嫁女却没有资格享受到村集体经济利益的分配，更不要说户口随母亲的孩子了"；"并且当时在征地之时，我们绝大多数人是有责任田的，也有一户一宅，也曾经交公粮，对村集体尽了义务，户口也没有迁出本村。""为什么男的老跑在外面，户口未迁出，但仍有分配权？"

3. 基于权利和义务对等的考虑

在现代社会中，妇女的权利意识增强。同意出嫁女分享集体经济利益的原因还在于对其权利和义务对等的思考。绝大多数出嫁女在政府征收土地时是有责任田的，而且当时也尽了对国家、村集体的义务，按时交纳各种税费。因此，政府在当时拨下来的回拨地，也是以她们当时的责任田为基础的，因此，从权利和义务的角度考虑，她们理应具有分配集体经济利益的资格。"我结婚前有分配权，承包村里的地上还有我的名字，为什么我结了婚，就没有分配权了？""为什么男丁结了婚，其爱人和小孩都有分配权，但是我们女人就没有？""为什么其他地方落实出嫁女的权益？为什么我们这里落实不了？"

4. 基于某种历史原因

部分出嫁女要求分配权，还基于历史上的承诺或契约，她们对现实中违约不满，要求落实承诺。有些出嫁女的权益曾得到过镇村领导的承诺，这些承诺也构成出嫁女要求分配的理由之一。例如1992年征地签订合同时，一些镇村领导承诺出嫁女仍住在本村的有分配权，但随着镇村领导的变迁，现有村领导不愿意承担历史上的承诺所带来的包袱。

（二）反对出嫁女分享村集体经济利益的各种理由

1. 基于法律规定的村民自治权

《宪法》第一百一十一条规定城市和农村按居民居住地区设立

的居民委员会或者村民委员会是基层群众性自治组织。《中华人民共和国村民委员会组织法》第二条规定，村民委员会是村民自我管理、自我教育、自我服务的基层群众性自治组织，实行民主选举、民主决策、民主管理、民主监督。第二十四条又规定村民委员会决定问题，采取少数服从多数的原则。因此，对出嫁女要求分享集体经济利益的诉求，很多小组经过村民代表大会或户主代表大会讨论，多数人不同意分配集体经济利益给她们。在现有村民自治的体制下，这个民主程序为村民提供了充足的理由，具有一定的合法性。

2. 基于权利的责任和思考

尽管许多村民同意，那种户在人在、有履行村集体相关义务与责任的出嫁女应该享有一些村集体利益的分配权利；并认为户口在本村，却长期在外生活、居住，没有履行村集体相关义务与责任的，是不能享受集体经济收益的。但是由于对出嫁女分配资格的标准认定存在困难，于是基本上采取一刀切的方法，全部都不予以分配。村民认为是否履行村的义务、是否对村集体作出贡献是确定是否有分配权的根据。他们认为，出嫁女只是为利益而争，她们已嫁，大部分时间不住在本村，也没有为村里经济发展作出贡献，很多人也没有尽到对村集体的义务，因而没有分配权。也有的男性甚至认为，妇女平等分配看上去很公平，实际上并不公平，因为她们在出嫁村享有或将来能享有分配权，又要在原村要分配权。

3. 基于可持续发展的利益考虑

利益冲突是产生权益纠纷最直接、最根本的原因。土地是农民的立命之本，在大量土地被征用后，村民的主要收入来源于村集体经济收益，而在目前集体经济收益有限的情况下，把有限的权益分给更多的出嫁女，将会"分薄"现有农村村民正在享有的"蛋糕"。从可持续发展的角度考虑，站在子孙后代的角度考虑，大多数村民拒绝包括出嫁、离异再婚、上门收养的权益人参与利益分配。村集体经济效益分配涉及每个村民的切身利益，致使绝大多数村民（包括出嫁女自己的父母兄弟等）不同意出嫁女参与村集体经济利益分配，有限的资源无法承担人口增长的压力。更为深远的考虑是，如果分给了出嫁女，那么其生育的孩子户口可以落在母亲这边，参与村集体利益这块蛋糕分配的人会越来越多，可是"蛋糕"是相对固定且有限的。另外，出嫁女在当初征地时已经按照有无责任田进行了利益分配，即按照无责任田的40%，有责任田的60%进行了补偿。因此，她们继续要求分配集体经济利益是不合理的。

4. 基于传统思想观念与认识

在中国传统社会的家庭中，通常拥有继承权的只能是男性，女性是被排除在外的。不论是从皇位的传承还是到民间一些手工艺技术，沿袭的都是这样的传统：传男不传女。在传统观念中，普遍认为嫁到外村去的妇女，归属于另外一个生活圈子，成了外乡人，不应再享有分配权。正是基于传统观念与现实利益考虑，许多出嫁女的兄弟和父母也反对她们分配集体经济利益。

5. 基于对出嫁女享有分配村集体经济利益的资格认定标准存在分歧的考虑

有的村民也同意给出嫁女分配村集体利益，但是一个关键的问题是根据什么样的标准来确定其分配资格。是根据责任田、户口、贡献和长期居住，还是几者的结合？这个标准很难确定。有的村民指出，有的年老妇女在分配的头一年去世，在世之时为村里作出了许多的贡献，比如曾经参与修水库却没有享受到分配；

而有些年轻的女性没有责任田，对村集体也没有什么贡献却要求分配。在没有一个可以综合各方面因素考虑的方案制订出来前，最简单的办法就是不给予出嫁女村集体经济利益分配的资格。

上述各种理由在民主协商会议中，得以充分讨论。经过一天的讨论，村民的思想明显发生变化。在讨论前，村民对平等分配认同度极其低。从 0 到 10 的维度中，0 为最不重要，10 为最重要，讨论前的平均值是低到 0.66，但是讨论后的平均值上升为 3.95。

民主协商大会讨论了解决出嫁女问题的各种方案。

1. 一次性补偿：一次性给予出嫁女补偿，从此之后出嫁女不再参与村里分配。

2. 平等分配：出嫁女按照国家宪法规定的男女平等、中国妇女权益保障法，以及中共惠州市委办公室惠州市人民政府办公室于 2008 年发布的 3 号文件关于切实维护农村妇女财产权益的通知，按照当时分配回拨地时以有责任田为标准进行分配，享受同本村男子同等的待遇。

3. 比例分配：按照当时征收时拥有的责任田，或按当时的人口，以及按照贡献来确定合理的比例。例如，拥有责任田应分 50% 或 60%，没有的责任田应分 30% 或 40%。

最后，A 村达成的共识是一次性补助 13 万，村民和外嫁女都签字同意。通过协商民意测验，我们可以看到，村民的看法有明显改变，对平等分配的认同有所提高，这是解决问题的关键。一年前，大多数村民通过村民代表会议彻底否定外嫁女的任何分配权利，现在大多数人已认可一次性补偿方案了，协商讨论会有助于村民理解平等、权利和义务。可以说，A 村通过协商民主成功地解决了"外嫁女"问题。

6. 创新机制的扩散

最近一两年，该区已在十个村推广各种形式的民主协商，让村民和外嫁女协商讨论。其结果是，外嫁女已不去北京、广州上访。她们的力量已分化，大多数人已同意一次性补偿的方案。剩下几户外嫁女，虽然她们感到其理由充分，但其上访正当理由已明显减少。地方官员通过协商方法正在解决问题。目前，尚有少数外嫁女还上街道政府来"上访"，但这种上访是为了寻找具体解决的方案，是让领导帮她们处理问题，这与过去通过上访来造声势、形成压力大为不同。由此可见，协商民主确实有助于减少或解决上访问题，并让基层政府和村民慢慢习惯用这种方法来化解各种社会问题（温岭民主恳谈的成功经验就在于此）。久而久之，这就变成一种协商治理的工作方法和习惯，构建了一种新的政治文化。

四 外嫁女和村民协商的独特之处何在？

和公共政策型协商民主相比，针对社会冲突的协商民主有何特点呢？从广东惠州外嫁女权益协商民主这个案例中，我们起码能发现如下三个方面的特点。

1. 问题的复杂性和敏感性。需要通过协商民主方法来解决的社会冲突一般来讲都是长期积累下来的矛盾，可能在运用协商民主方法之前已经尝试过很多方法而未能奏效，才转而尝试协商民主的办法。因此，矛盾双方已经互不信任、相互猜忌乃至相互对立。在这种情况下，协商民主的主办方一定要倍加小心，充分考虑到由于长期积累导致的盘根错节的复杂性，以及冲突在人们心头留下的阴影，在各个环节都要留心不要轻易触碰人们敏感的神经。在外嫁女权益的民主协商过程中，有两个小插曲就很典型地揭示了这个问题。一个小插曲是在前期准备阶段，当专家学者们进现场进行走访时，外嫁女们的态度是充满敌意的；另外一个小插曲是在民主协商阶段，在正式的协商开始之前，主办方请专家就相关的法律和政策进行讲解。有一位专家在讲解时比较强调妇女的权利，当时就引起在场村民的反感，认为专家没有站在中立的立场。这两个小插曲反映出，无论是外嫁女还是村民，对相关的问题都非常之敏感，因此，从技术的角度讲，在运用协商民主来解决社会冲突时，主办方一定要非常小心，从细节入手，尽量将可能产生的负面影响消灭在萌芽状态之中。

2. 地方性知识在协商和问题解决过程中的重要性。尽管此次民主协商小组讨论的效果非常好，小组主持人由大学里的研究生担任，有公正、中立的效果。但是，村干部还是提出，如果由村里的长者来主持，也许效果更好。因为主持人不了解村里情况，不懂具体问题的性质和情况，不知道如何化解矛盾。这位村干部的一句大实话其实道出了一个重要的道理：地方性知识在协商和问题解决过程中的重要性。

如果我们认真反思一下整个协商过程，我们会发现，如果缺少了地方性知识在其中的作用，仅靠标准的协商民主流程，此次民主协商能否成功实在是一个未知数。下面是此次民主协商过程中所使用的一些"土办法"，正是这些土办法让民主协商得以有效进行下去。

考虑到外嫁女和村民之间积怨甚深，该村的书记不让外嫁女和村民直接对话，因为双方存在着尖锐的矛盾。如果双方一讨论，两边就吵起来。此外，六个村民小组，他们各自的讨论会产生出不同的协商结果，不可能在村里形成统一的结果。因此，村书记自己先单独和村民谈，完了以后再和外嫁女谈。尽管这种"割断"

的方法非常成功，但这种做法和协商民主理论构成鲜明的对照。协商民主理论强调公开、透明，A 村也强调公开，但是又不主张出嫁女和村民直接对话。他这个"公开"，是小范围的"公"，不是大范围的"公"。笔者采访时，他说，他担心大型会议会造成争吵和不稳定的因素，而通过小范围内的小会议可以借由协商把问题解决，因为在小范围内有灵活性，可以注重人情的沟通。在这里，协商的方法跟公关结合起来，采用农村当中所谓的土办法：讲人情。村支部书记为了说服一般的村民接受给外嫁女一次性补偿，还采用了喝酒的方法。

现实做法和协商民主的要求之间的对照非常有趣。在坚持公开透明原则中，强调小范围内说服的空间和场所；在强调平等权利时，阐述了一种亚里士多德的比例平等的观念，用土话来说，"平等不均分原则"。村和区领导分唱"红脸"和"白脸"，一刚一柔，成功地促使外嫁女作出退让。他们还发动了一个宣传攻势，在三个月内反复协商，使村民改变了过去拒绝给予外嫁女权益的思想。此外，村干部首先说服其姐姐或女儿带头妥协，几家一妥协，其他家也跟着作出妥协。此外，该村书记还采用扣分的方法来说服外嫁女。例如：没有履行本村义务扣几分，没有遵守计划生育扣几分，由此说服她们接受一次性补偿的方法。X 区工作人员也起了很大作用，党委书记亲自下去，无数次帮助村支部书记来说服外嫁女作出退让。村书记当着上级领导的面发难："我不干了！"上级领导由此诱导外嫁女退让。这些土办法未必符合协商民主的原则，但它们确实成为民主协商的润滑剂。

3. 理性协商与情感宣泄、讨价还价能否相容？一般而言，协商民主的倡导者强调理性和论证在协商过程中的主导性地位，甚至认为，只有理性和论证才是合法的协商方式。但是，在针对社会冲突而展开的民主协商中，死守这样的刻板观点显然是不合时宜的。长期积累的矛盾总是需要宣泄的，如果不给它一个出口，后面的协商是无法有效进行的。在此次协商的全体大会上，发生了激烈的争吵甚至一度中断会议。但是，在争吵之后，村民又奇迹般地冒出新的点子，以户为单位解决外嫁女问题，并获得48.1%与会人的支持。争吵甚至殴骂与理性讨论相反，但是它们却是协商系统中的一个有机组成部分：让各方彻底把各自的反对意见及其背后的情感发泄出来，让各方知道各自的"底线"，这都有利于问题的解决。

按照协商民主的规范性理想，协商应该杜绝讨价还价，而是服从更佳论证的力量。但是，社会冲突在很多情况下是由于利益的分配不公所致，在协商过程中完全杜绝外嫁女和村民就利益问题进行讨价还价显然是不现实的。村书记就从利益的角度来说服村民："我们现在必须给外嫁女一次性的补偿，如果我们不这样做，区里就不会批准我们的城镇发展规划，村里就不可能获得发展的机会。为了村里的发展，我们必须做出退让，彻底解决外嫁女问题，由此我们可得到上级政府的优惠政策。从优惠政策中拿优惠，补回对外家女的补助。从村里发展所获得的好处来看，大大高于给外嫁女的一次性补偿所付出的代价。"他还说，对外嫁女我们不能不给，也不能全给。

五　协商民主处理社会冲突的模式可以推广吗?

本次实验最大的意义在于其真实性，地方政府挑选了外嫁女上访较严重的村庄，用协商民主的办法来看看这到底能否解决问题。事实证明，协商民主的办法确实是有效的。相比较而言，协商民主的方法并不是靠上级的行政手段来解决问题，而是靠公众的理性能力来解决问题。协商民主方法是公开的、民主的、审议的、理性的、科学的决策过程。第一，它把上访者引导到沟通的平台上去。不让上访者在街头"闹事"，而是把他们引导到沟通的平台上进行讨论，倾诉自己的苦处和利益。第二，在沟通的平台上把尖锐的干群关系问题转化为一种群众之间利益的调整问题。第三，在处理公共利益上，协商民主把它引导为一种量化问题，一种可以讨价还价的问题。各方都可以表达自己的看法，通过表述最好的理由来争取自己的利益。那么，接下来的问题是，这种办法能否推广到其他地区或其他社会冲突领域。

根据学者们在世界各地所做的针对社会冲突的协商民主实验，协商民主在其他地区和其他社会冲突领域也是有效的。例如，协商民主的办法可以运用于工资的集体协商，工资集体协商使劳资冲突中的核心——劳动定额（工价）问题得到了较好的解决。以温岭的新河镇为例，2002~2003 年因工资纠纷而出现的劳动者"上访"投诉事件为 11 次 120 人，通过引入工资集体协商机制，2003~2004 年降为 2 次 17 人，2004~2005 年为 1 次 3 人，2006 年至今为零。同样，在世界其他地区，民主协商也能缓解社会冲突。例如，北爱尔兰地区的协商民主实验表明，通过协商，矛盾确实得到了缓和，民主协商参与者的观点向中间靠拢，而不是向两边分化或走向激化。这种现象在其他地方的协商民主实验中也能观察到。协商民主在处理社会矛盾时确有其优越之处，这对于当代中国来说无疑是一个福音，因为今天中国的维稳压力实在太大了。

广东惠州的案例告诉我们，协商民主是一种政治艺术，用协商民主方法来解决最棘手的社会冲突问题是一个创新，也是基层官员化解社会矛盾的一种新的思路和方向。政府不再是对立的利益集团，而只是搭建协商民主的平台，扮演了中立、公正的角色，通过理性讨论使百姓的思想发生变化，公民通过相互陈述理由的过程来找出解决难题的方案。协商民主最终落实到社会自治原则。这是协商民主治理机制的方向和原则。举例来说，老城区拆建是每个基层官员碰到的棘手问题。过去用行政手段强行拆迁，往往造成大量上访人员的反对活动。而城市规划和发展又必须进行，那么该如何办？泽国镇采纳民主恳谈的方式来解决这一问题。镇政府通过民主恳谈的形式让所有拆迁户来讨论拆迁方案，并由他们选举出一个工作委员会来做这个工作。这样拆迁问题不再是政府和拆迁户之间的矛盾问题，而成了拆迁户之间的矛盾，并由他们去协商讨论，综合各自的利益，寻找解决问题的方法，以此来培养拆迁户的自治能力。

推荐阅读材料：

★ Ian O' Flynn, *Deliberative Democracy and Divided Societies*, Edinburgh：Edinburgh University Press，2006. 如其标题所表明的，本书旨在回答这样一个问题：当一个社会的内部冲突越来越激烈的时候，协商民主能够如何帮助我们安顿民主的理想和制度？作者认为，协商的规范和程序能帮助处于这种社会状态中的公民构建和维持更强的共同体身份感。该书既有规范性理论，又有大量实践案例，值得参考。

★ John S.Dryzek，"Deliberative Democracy in Divided Societies：Alternatives to Agonism and Analgesia"，*Political Theory*，33：2（April 2005）.本文的作者是当代著名的协商民主理论家德雷泽克。这篇文章试图探讨协商民主在解决最困难的一类社会问题时所具有的理论和实践上的潜力，这类问题就是：在那些处于深刻分裂的社会中，如何调和由彼此对立的身份群体所提出的相互矛盾的身份诉求。

★ 毛丹：《农村协商民主面临的限制——关于几个农地纠纷案例的解释提纲》，载陈剩勇、何包钢主编《协商民主的发展》，中国社会科学出版社，2006。本文指出协商民主要想在中国农村基层得到推广和发展会遭遇到哪些重大的困难，但同时也看到乡村文化和村民自治制度当中存在着实现协商民主的有利条件。此外，《协商民主的发展》一书是 2004 年在杭州举办的"协商民主理论与中国地方民主国际学术研讨会"的论文集，不少文章很有价值。

第九章
共识协商：欧洲社会论坛
——构想"另一个欧洲"

本章阅读重点

★ 欧洲社会论坛由来的三个背景

★ 欧洲社会论坛的组织过程和正式活动如何体现出协商民主的工作方法

★ 欧洲社会论坛通过哪四种途径来实现其构建另一个更为民主的欧洲的愿景

一 欧洲社会论坛是怎么来的？

欧洲社会论坛（European Social Forum，简称 ESF）创造了一个巨大的交流平台，它为欧洲乃至全世界形形色色的社会运动组织和积极分子提供了一个走到一起、就共同关心的问题——如何创建一个不一样的欧洲——进行辩论、协商、相互分享和相互理解的开放空间。

　　要想知道欧洲社会论坛到底是怎么来的，就不得不提到有关其来源的三个背景：代议制民主遭遇危机和挑战，新自由主义全球化遭到质疑和抵制，以及世界社会论坛树立了崭新的民主模式。

　　无论在国家层面还是国际层面，代议制民主都是当代民主的主要形式。代议制民主具有权力委托和代表的性质，本质上是一种精英主义，因为广大民众都被排斥在决策过程之外。人们对政党日益感到不信任，认为代议制机构越来越脱离公民，政治越来越成为少数人的专门职业，民主没有了大多数人的参与。不仅如此，决策过程本身也不够公开和透明，一项具有重大影响的政策或法律，直接或间接受其影响的人往往并不清楚它是如何制定出来的。代议制民主以投票作为解决分歧的主要手段，也引起了越来越多的不满，因为在多数决定的规则面前，不同意见的价值往往并未得到充分理解就被压制下去了。此外，权力正在从政治转向市场，也是对代议制民主的一项严峻挑战，而这主要是由新自由主义经济政策导致的。

☞　小贴士：

　　新自由主义是一种经济自由主义的哲学主张。在国内经济领域，它支持私有化，强调自由市场的机制，要求国家尽可能减少对商业行为和财产权的管制。为了提高公司效率，它强烈反对最低工资等劳工政策和劳工集体谈判的权利。一般来说，它反对福利国家制度。在国际经济领域，它倡导国际自由贸易，国际性劳动分工和不受限制的资本流动。它推动经济全球化以便按照最有效率的方式来利用全世界的廉价劳工、原材料和市场。20世纪70年代以来，新自由主义理论和实践的影响越来越大。

　　欧洲主要国家推行的新自由主义经济政策大大提高了跨国公司的力量。政治权力只关心资本的利益，却不关心控制资本的统治。事实上，新自由主义已经使国家对跨国公司的控制能力大为下降。欧盟也是新自由主义政策的重要推手，它甚至把新自由主义纲领写进《欧洲宪法条约（草案）》，倡导市场竞争和自由贸易，削弱社会权利，要求公共服务的私有化。这种政策明显危害了传统的福利国家制度，恶化了公民的福利水平和工作安全，而且也威胁到了民主本身。因为民主的逻辑是老百姓说了算，而新自由主义全球化的逻辑则是资本说了算。

　　自 20 世纪 70 年代开始，新自由主义不仅在欧洲日益崛起，而且在世界范围内大行其道。基于这样的背景，全球正义运动（Global Justice Movement，简称 GJM）兴起了。这一运动并不笼统地反对全球化，但是特别反对由跨国公司的资本权力所主导的全球化。全球正义运动号召全世界的社会运动组织及其积极分子进行广泛交流，促进团结协作和跨国网络的构建。作为全球正义运动的一个主要载体，世界社会论坛（World Social Forum，简称WSF）于 2001 年 1 月在巴西的阿雷格里港（Porto Alegre）召开了第一届会议。这届论坛的直接目的是要成为反对同期举行的达沃斯世界经济论坛的"反峰会"，因为达沃斯论坛的会员都是世界顶级的跨国公司，代表了新自由主义全球化的主导势力。世界社会论坛力图借此时机把媒体的目光吸引到"另一种可能的全球化"上来。首届论坛有来自超过 100 个国家的 2 万人参加，其中有数以千计的非政府组织和社会运动组织的代表。他们济济一堂，共同讨论如何创造一种与今天的主导性方式——代议制民主和新自由主义全球化——完全相反的全球治理模式。

　　为了显示创造"另一个世界"的可能性和决心，首届世界社会论坛制定了《原则宪章》，提倡在世界公民大团结的基础上实现另一种全球化，并为全球正义运动树立了协商民主的工作模式。首先，它强调直接参与，反对代议制。论坛向所有愿意遵守这部宪章的组织和个人开放，只有来自政党和军事组织的人除外。根据宪章，世界社会论坛把世界各国的众多公民社会组织和公民社会运动集合在一起，但论坛本身无意成为世界公民社会的代表。而且没有人可以被授权代表论坛表达所谓全体与会者的立场和观点。此外，论坛的基本工作方法是讨论和协商。它鼓励参与者之间的相互尊重和相互理解，特别重视他们之间的经验交流。论坛是一个开放的讨论空间，但不是一个作决定的行动者，因此论坛内部并不存在任何权力，并明确谴责任何人对人的支配。

首届世界社会论坛的成功产生了巨大影响，在世界范围内引发了各种层次（地方、国家、跨国）的社会论坛的建立。欧洲社会论坛正是在世界社会论坛的辐射和示范效应下应运而生的。它也把世界社会论坛的《原则宪章》作为自己的指导思想之一，[①] 但是在组织上却是完全独立的。

第一届欧洲社会论坛于 2002 年 11 月 6 日至 9 日在意大利佛罗伦萨召开。论坛共举行了 30 场全体会议、160 场研讨会和 180 场工作坊，吸引了大约 6 万人参加，其中包括来自 105 个国家 426 个组织的超过 2 万名代表。更多的人参加了在城市各个地方举行的 75 场文化活动，约 100 万人参加了作为论坛闭幕活动的游行示威。为吸引来自不同地区的社会运动积极分子，论坛的举办地不断改变。第二届和第三届欧洲社会论坛于 2003 年和 2004 年分别

---

① 欧洲社会论坛基本遵循世界社会论坛的《原则宪章》，但有一点重要不同：世界社会论坛禁止政党代表参加，但欧洲社会论坛决定向政党保持开放，不过在其组织过程中禁止出现政党政治行为。

在法国巴黎和英国伦敦举行。此后改为两年一届，第四、五、六届论坛于 2006 年、2008 年和 2010 年分别在希腊的雅典、瑞典的马尔默和土耳其的伊斯坦布尔举行。在欧洲社会论坛庆祝其建立十周年的 2012 年，第七届论坛又回到了它的发源地佛罗伦萨举行。

　　虽然历届论坛的主办地和组委会各不相同，但都重复着同样的主题：走到一起、多样性、另一个欧洲。论坛的宗旨是为欧洲及世界的社会运动组织、工会、非政府组织、难民、反战与反帝团体、反种族主义运动、环保运动和流亡社群提供一个面对面交流和协商他们关心的主要议题的空间。它向所有愿意参加论坛的人保持开放，参加者可以就有关问题民主地进行辩论和协商，自由分享彼此的经验，也可以提交论文，探讨社会运动的战略问题，还可以讨论并协调未来共同行动的机会。论坛并不作出具有约束力的决议。它对多样性保持高度的尊重，并且认为多样性正是其力量的来源和团结的基础。论坛的最终目标是构建另一个欧洲，一个不受资本宰制的欧洲，一个以人为本的欧洲，一个反对战争的欧洲，一个推行国际团结互助的欧洲，一个生态上可持续的欧洲。

　　欧洲社会论坛是公民社会组织和运动积极分子的开放的辩论空间和公共领域。它谨慎地与各个层级的正式政治机构保持距离，以维护其独立性。它的组织过程和正式活动都是公民社会内部协商民主的典型案例。

二　欧洲社会论坛的组织过程

　　在首届欧洲社会论坛举办之后，人们决定由欧洲筹备大会（European Preparatory Assembly，简称 EPA）和论坛主办地的地方组织委员会共同负责以后每届论坛的组织工作。虽然欧洲社会论坛本身不作任何决定，但是欧洲筹备大会要进行与论坛组织过程有关的决策。欧洲筹备大会要作的决策主要集中在政治议题方面，如确定每届论坛的主题及在每个主题之下列入哪些具体活动议题。而有关论坛筹备方面的各种具体事务包括后勤保障则由论坛举办地的组织委员会来直接负责。

第一项重要的论坛组织工作就是确定论坛的主题。为此，在欧洲筹备大会召开前会形成各种欧洲主题网络，它们会吸引对特定主题（如劳工与全球化、公共服务、反压迫等）感兴趣的组织参加。这些主题网络专门在筹备大会正式召开之前一两天开会，商讨要将哪些主题推荐给大会作决定。此外，论坛举办地的地方组织委员会也会积极参与到论坛主题的准备过程中来。地方组织委员会有时通过在互联网上公开征集主题的方法，有时通过组委会内部会议讨论，来确定论坛主题的推荐。尽管主题的征集和推荐有不同的来源，但最终有权确定论坛主题的只有欧洲筹备大会。

论坛主题确定后，在每一项主题下具体组织哪些活动议题就是接下来的当务之急。由于欧洲社会论坛以自我组织的活动为基础，因此要由准备参加论坛的各个组织自主提议本届论坛要包括哪些活动议题。每届论坛的组委会通常会通过互联网公开征集具体的活动议题。由于组委会的组织资源（财力、人力、物力）有限，每届论坛只能容纳一定数量的活动，主要形式包括研讨会、工作坊、主题大会、游行示威、文化活动。一般来说，网上征集的议题数量总是大大超过组委会的物质资源所能容纳的限度。因此，在议题征集阶段结束之后，就要进行议题的合并。以在瑞典马尔默举行的第五届论坛的筹备过程为例。当地组委会一共公开征集了近800项活动议题，但是他们的条件仅能支持200项活动。

议题合并的第一阶段是自愿合并。组委会会在网上公开所有的议题，每个人都可以提出该如何进行议题合并的想法。提出议题的组织和个人可以自行联系，讨论相关议题的合并。在自愿合并的截止日期到来之后，就进入到组委会协调合并阶段。组委会首先以本届论坛确定的几大主题为基础，把所有提议的活动议题归类到这些主题之下。每个主题被分配给一个团队负责，该团队由一个协调人和若干志愿者组成。大家逐一核对每项议题，提出合并建议，然后通过电话、电子邮件或其他网络工具联系那些提出议题的人，鼓励他们进行主题合并。合并的建议一般是基于议题本身的相关性和提出议题的组织之间的政治关系。如果议题提出者不喜欢这个合并建议，那么协调团队就鼓励他们自己来寻找适合的合作者来完成议题合并。当然，由于组委会协调合并是通过建议、讨论和说服的方法来进行而不是强制合并，所以这个过程不太可能把议题的数量压缩到理想水平，最终的议题确定还是要在欧洲筹备大会上来作决定。

欧洲筹备大会是一个开放的会议，任何愿意遵守世界社会论坛《原则宪章》的组织和个人都可以参加。对于这样一个由来自不同国家和政治背景繁杂的组织和积极分子参加的会议来说，要有一个开放而民主的决策过程十分重要。对这些缺乏物质激励、主要依靠共享的信念来维持其参与热情和忠诚度的与会者来说，内部民主尤为关键。正像一位与会者所说的："如果我们甚至不能在内部创造另外一种值得信赖的民主，我们怎能期待外面的人们相信我们能为一个更加民主的世界创造条件呢？"欧洲筹备大会反对权力委托，提倡广泛参与和通过共识达成决策，其所实行的内部民主是协商民主。

欧洲筹备大会通常每隔 2~3 个月在不同的国家举行，以便让更多的地理区域的人们能够参与到论坛的准备过程中来。以在雅典举行的第四次欧洲社会论坛的筹备过程为例。每次筹备大会一般都有两次较长的全体会议，通常在周六和周日两天举行。每次会议会吸引来自约 30 个国家的 120~250 名与会者，他们主要来自各种团体和组织，但也有以独立个人身份参加的。

大会开始后，通常由本届论坛组委会的成员以及 / 或者其下设的工作组的发言人来报告论坛目前组织工作的进展，以及还有哪些问题需要作决定。他们也会提交供大会讨论的各种提议。在大会会议上，任何人都可以走到讲台上表达自己的观点。但是发言必须要遵循一定的规范。由于大会的总体氛围是对话，所以发言者应当倾听他人的观点，不固执己见，要能接受好的理由。发言时不能有人身攻击，要遵守文明规范。另外，来自中欧和东欧国家的发言者及移民的发言应当特别得到鼓励和良好的倾听，这是因为欧洲社会论坛希望尽可能扩大参与者的范围，而中欧和东欧国家由于经济较为落后，缺乏足够的资金支持，因而对论坛的参与度较低。

欧洲筹备大会必须要就有关问题作决定，但这决定并不是基于少数服从多数的投票作出的，而是基于会议的共识。那么，这种共识是如何达成的呢？在形式上，它并不是表现为所有人公开表示同意，而是没有人公开表示不同意。通常，当一项讨论接近尾声时，一位重要的发言人或一位协调人会提出一项提议，有时会明确询问与会者是否有不同意见，有时则并不询问。无论是否询问，只要这时没有人公开表示反对或抗议，这提议就被假定是大会的共识性而决定了。

当然，欧洲筹备大会的协商民主远不是尽善尽美的。尽管有各种规范希望确保发言者得到平等对待，但事实上与会者不可能对每个发言者一视同仁，那些较为重要的发言者 ① 登场时，人们往往会仔细聆听，并作出回应。但是当发言者是较不重要的人时，听众就不那么专注了，经常在下面交头接耳，开起小会来。可见，虽然欧洲筹备大会采取了扁平化的结构，并没有正式的垂直化权力，但是由于发言者的声望不同，他们发言的分量和权威自然就有了差别。有研究表明，那些论坛的长期参与者不仅在筹备大会上发挥着更为重要的作用，而且他们在会议之外所进行的非正式的交流往往对大会的决定产生关键性影响。而这个仅限于论坛的非正式"领导人"参与的决策过程，对新来者或不是那么投入的与会者来说则是不透明的，或是难以理解的。

不过，不少筹备大会的参与者也认为，虽然大会的正式目的是筹备下一届论坛，但其更为重要的作用是，那些来自欧洲不同国家的积极分子之间的正式和非正式的讨论促进了彼此的相互理解，分享了不同国家的斗争经验。这表明，虽然大会的直接目的是为了作决定，但大会上的公开交流事实上并不以决策为导向，而是注重讨论过程本身的价值。大多数发言者更看重的不是最终的决定，而是他们进行了有意义的讨论或者仅仅是提出了自己的观点。在这种情况下，当会议是真正开放的并得到了积极分子的广泛参与，与会者的观点得到了表达和考虑，而且参会者彼此能宽容相待时，会议的决策只要看上去是公平的，就会具有合法性。在这种协商民主的大背景下，共识作为一种决策程序也就显得没

---

① 较为重要的人包括：工会和国家代表团的代表，阿塔克组织（Attac，即"课征金融交易税以协助公民组织"）的发言人（特别是来自德国和法国的），欧洲社会论坛的先驱式人物和长期参与者，本届论坛组委会的代表等。这些人之所以被视为重要，主要是因为他们代表了特定的论坛支持者群体，具有较强的动员能力，或者由于全身心投入这项事业而享有较高的威望。此外，与重要问题相联系的少数群体代表也会得到更多的关注。

有那么重要，因为与会者的民主需求已经在很大程度上通过决策的民主环境得到了满足。这提示我们，决策的民主环境至少与决策的民主程序同样重要。

三 欧洲社会论坛的正式活动

从形式上说，欧洲社会论坛的正式活动主要包括研讨会、工作坊、主题大会、文化活动和游行示威。

既然是论坛，那么研讨会、工作坊和主题大会必定是重头戏。每届论坛都会安排数以百计的研讨会和工作坊，主题大会仅在前三届论坛举行，每届也会有几十场次。其中，研讨会和工作坊是由提出议题的组织负责其活动和内容。如果活动议题是经过议题合并而形成的，那么所有提出相关议题的组织和个人都可参与准备工作。

☞ 小贴士：

研讨会（seminar）与工作坊（workshop）的区别：

研讨会与工作坊经常被人们不加区别地用来指称类似的会议活动，但是两者还是有一定的区别。一般来说，研讨会以发言人陈述和演讲为主，发言人与听众的互动较少，互动的主要形式是发言人回答听众的问题，这个环节多在演讲结束之后进行。工作坊的发言人与听众的互动较多，互动的问题随时出现随时处理，而且通常是通过集体讨论的形式来处理问题。尽管存在上述区别，但这两种会议形式都契合协商民主的精神，因为它们都能够促进信息的交换，理念和经验的展示和分享，并鼓励参加者通过交流来拓宽思路。

主题大会也叫作全体会议，由每届论坛的组委会负责筹备和组织。第一届欧洲社会论坛有 30 场主题大会，第二届论坛有 55 场主题大会。由于主题大会场次有限，发言人的名单的确定经常是欧洲筹备大会上争论的焦点。每届论坛的筹备都要围绕着如何在不同组织和不同国家之间分配主题大会发言人名额的问题花费大量的时间来进行协商。大多数欧洲筹备大会的与会者都希望在第三届论坛上放弃主题大会的形式，但是这个意见被英国组委会拒绝了。英国组委会提议把主题大会的场次减少到 13 场。但是由于场次少，围绕发言人名单的斗争就更激烈，后来欧洲筹备大会还是决定把场次提高到 30 场。不过从第四届论坛开始，主题大会的形式被正式取消。主题大会的取消既是为了避免权力斗争，也是为了论坛具有更加广泛的包容性和平等性。

主题大会的规模比研讨会和工作坊要大得多，发言者面对数量庞大的观众发表自己的观点，几乎没有时间进行台上台下的互动交流。主题大会把焦点集中在台上少数发言人（包括一些名人和著名知识分子）身上，使他们与台下的大多数观众区隔开来。相比之下，研讨会和工作坊的结构更适合协商民主的运作。在这种自我组织的会议上，人们大多围坐一圈，可以以一种较为非正式的方式插话，形成了一种对话的空间。每个人更多的是作为个人，而不是作为一个组织的代表来发言。

由于研讨会、工作坊和主题大会都是就特定议题进行较为深入的讨论，门槛较高，只能吸引社会运动的积极分子参加。为了扩大论坛的影响，使更多的民众了解和认同论坛的主张，并动员他们一起加入到反对新自由主义全球化的运动中来，论坛的组委会大都会组织一定量低门槛的文化活动，如音乐会、艺术展览等，以吸引当地居民参加。在这些活动上，论坛组委会会采用展览等形式向民众介绍论坛的概况，宣传其基本主张。

最后，每届论坛闭幕时，组委会都会组织一场大规模的和平游行示威。欧洲社会论坛既是一个辩论的开放空间，也是一个抗议的开放空间，只有一个条件，就是非暴力。游行示威是其表达抗议的重要形式。同时，这也是向主办城市的居民及更广大的公众传播论坛信息的好机会。参加游行的不但有论坛的正式参会者，往往还包括主办国的其他政治团体，规模从数万人到近百万人不等，声势浩大，颇为吸引眼球。他们不但向观看游行的路人，而且通过各种媒体的转播和报道向欧盟、欧洲各国政府和人民传达着这样的理念——"另一个欧洲是可能的"。

欧洲社会论坛的全部正式活动都是向所有公民社会群体、政党和个人开放的，[①] 具有很高的民主参与性。它以研讨会和工作坊作为主要工作机制，凸显了对知识和经验的重视。欧洲社会论坛充分表明了协商民主的认知功能。与会的积极分子持有不同的意识形态，来自不同的阶级和国家，他们从多重视角出发，积极辩论关于构建另一个欧洲的各种提议。公开辩论的目的不是要消除差异，而是要使每个人更好地认识到彼此关切的问题和持有的信念。在这个过程中，宽容、平等、参与、共识等协商民主珍视的价值也得到了培育和传播。

---

① 这种开放并不是完全免费的。论坛向每个正式参加论坛的个人收取一定的入场费，以部分解决其组织活动的各项开销。第三届伦敦论坛的入场费最贵，达到 10~30 英镑，相比而言，第二届巴黎论坛的入场费只有 3~5 欧元。关于论坛是否要收取入场费是有很大争议的。支持者认为，这是论坛自筹经费的一种方式，有助于其保持独立性；反对者则认为，入场费把很多想参加但又经济困难的人挡在门外，对于论坛作为一种开放空间的原则来说是一种伤害。

四　欧洲社会论坛如何影响和改变外部世界？

欧洲社会论坛是一个开放的辩论空间，但却并不作为一个实体而行动。它对战争、资本、环境、教育、就业、保健、居住、食品安全、贫困、性别和种族歧视等如此广泛的议题进行深入的辩论，但并不形成任何决定。那么，这种公民社会内部的协商民主到底有什么用？它将如何实现构建另一个更为民主的欧洲的愿景呢？

首先是批评现实，特别是批评自上而下的代议制民主和政策制定方式。从合法性的角度说，代议制民主被认为越来越脱离民众，政治沦为少数人的专门职业。行政权力在不断膨胀，另外，通过对大众传媒的操纵，政治正变为个人秀场，对这些问题代议制民主都无力通过有效的问责机制来加以约束，使它遭遇合法性的危机。从效能的角度说，欧洲社会论坛指责国家层面的代议制民主无力引导全球化，因为跨国公司的资本权力已经超出了民族国家的控制范围，即便是欧盟这样的超国家代议制机构也沦为新自由主义的推手。由新自由主义全球化导致了一系列问题，如伊拉克战争、生态环境恶化、失业、社会权利日益遭到漠视等，很多人对代议制民主解决这些问题的能力失去了信心。

其次是理论建设。欧洲社会论坛以理论探讨和公共辩论的方式寻求拓展政治的边界，要求更多来自下层的参与，以解决代议制民主的合法性和效能危机。从理论层面上，论坛给出的解决方案是协商民主。例如，第三届伦敦论坛批评《欧洲宪法条约（草案）》使竞争成为基本原则，没有赋予人们平等权利、自由迁徙和自由居住的权利；给了北约不应有的地位，推动了欧盟的军事化；

使市场优先于社会领域，破坏了公共服务。论坛提出的替代性方案是:《欧洲宪法条约》的制定应该直接咨询欧洲人民，只有各国人民才是欧洲制宪的权力所在，也是唯一正当的权力。只有通过参与式民主和协商民主才能产生一部正当合法的欧洲宪法。历届论坛还通过总共数以千计的研讨会和工作坊对构建欧洲治理新制度和如何改善民主质量提出了大量的具体建议。

再次是政治行动。欧洲社会论坛虽然自身不作为一个实体来行动，但它为协调各个社会运动组织的未来共同行动提供了机会，使它们可以探讨共同行动的战略。在欧洲社会论坛的主要参与者看来，运动政治可以作为机构政治的替代方案之一。运动政治基于社会与政治的互动，把志愿工作与政治这两个过去分立的领域结合起来，进一步拓展了政治的空间，也为普通民众参与政治提供了更多的渠道。例如，不少论坛的与会者都愿意把参加像论坛闭幕游行示威这样的抗议活动作为向政府决策者施压的一种主要手段。在他们看来，抗议运动的目标不在于夺取权力，而是力图改变社会上人与人之间的关系，改变人们的态度，改变政府与人民的关系。

最后是在公民社会和团体生活中实践民主。欧洲社会论坛呼吁发展在国家之外保持自主性的公民社会，把动员和强化公民社会作为构建另一个欧洲的道路。论坛本身就是一种带有自我反思性的实验，在团体生活的实践中探索如何处理参与和代表，共识与多数决之间的紧张关系。论坛积极分子认为论坛本身的组织过程和活动方式是一种新的从事政治的民主方法，它意味着非等级制的结构，开放的信息获得渠道，直接参与，通过共识达成决策的方法。这种新型协商民主政治致力于建设一个开放的参与空间，虽然具有多样性的行动者只是在有限程度上达成共识，但他们的个性都得到了尊重。而多样性本身就被视为这种协商民主政治的力量之源。更重要的是，欧洲社会论坛可以通过协商民主的示范效应和扩散效应来影响正式机构和制度。由于论坛的参与者大都同时具有多个组织的成员身份，他们在论坛的协商民主环境中受到的政治教育和提高的公民意识很有可能传递到他们所属的那些组织中去。越来越多非正式和正式的组织在决策中展现出协商的趋势，这会对那些仍然采用自上而下决策模式的团体造成压力，进而影响到正式政治制度和机构的权力拥有者。因此，欧洲社会论坛内部的协商民主实践不仅具有工具意义，而且具有规范意义。

五　总结

在第二届巴黎论坛上有一个研讨会的主题是"寻找失去的民主"。在研讨会上，人们把政治界定为一项共同善，如同空气、水与和平一样不可或缺，它不必一定要委托给专业从事政治的人们去做。在代议制民主在合法性和效能两方面都遭遇严峻挑战的背景下，这种对政治的不同理解具有重要的启发意义。

欧洲社会论坛的参与者们相信，只有当政治的方式得到彻底改变后，政策才能得到改变。而论坛本身就是一场改变政治方式、寻求替代性民主实践的实验。实验的目的是希望找到新的制度和程序来实现越来越充分的参与和越来越良好的决策。所谓充分的参与就是反对单纯把权力委托给代表，强调要把地位平等的利益相关者都容纳到决策过程中来。所谓良好的决策就是重视公共讨论、共同利益、理性论据和偏好转变的共识决策方法，这种方法实际上更加注重决策的协商过程本身，而不是这个过程的结果。

协商民主有四个关键特征：第一，论据的质量应在决策中发挥决定性作用；第二，持不同意见者在协商过程中能够相互尊重、包容和理解；第三，利益相关者的直接参与应得到优先考虑；第四，政治决定要尽量通过共识来达成。这四项价值都是欧洲社会论坛追求的目标。

当然毋庸讳言，欧洲社会论坛在开放性和包容性方面还存在不少问题，中欧东欧国家的积极分子在参与论坛方面还有诸多障碍，另外有数据表明，论坛参与者中公共部门雇员和学生的比例大大超过他们在整个社会人口中所占的比例，而蓝领工人和失业者则正好相反，而且论坛参与者的平均教育水平也显著高于欧洲社会的平均水平；社会运动的精英分子仍然在欧洲筹备大会和论坛正式活动中发挥着不成比例的影响，论坛长期参与者有演变成非正式领导人的趋势，而且他们构成的影响决策的核心小圈子是新来者很难融入的；欧洲筹备大会的共识决策方法还远未达到令人满意的水平，究竟是论据的质量还是个人的声望在大会的决策中起更大的作用也引起不少质疑。

但是尽管存在上述种种问题，欧洲社会论坛还是为探索另外一种更加民主的公共生活方式创造了新的可能性，为构建一个"权利的欧洲"和"人民团结互助的法治的欧洲"开放了新的想象空间和实践场域。

推荐阅读文献：

★ Donatella della Porta ed., *Another Europe：Conceptions and Practices of Democracy in the European Social Forums*, London and New York：Routledge, 2009. 这是一本以 2006 年在雅典举行的第四届欧洲社会论坛为实证研究对象的学术论文集，它还运

用历时性的方法对截至 2006 年举行过的全部四届论坛进行了比较研究，重点探讨了在这场全球正义运动中发展出来的民主概念和实践。

★ Saqib Saeed，Markus Rohde & Volker Wulf，"Analyzing Political Activists' Organization Practices: Findings from a Long Term Case Study of the European Social Forum," in *Computer Supported Cooperative Work*，Volume 20，Issue 4-5，October 2011，pp.265-304. 这是一篇具有实证研究性质的长篇学术论文，探讨了在瑞典马尔默和土耳其伊斯坦布尔分别举行的第五届（2008 年）和第六届（2010 年）欧洲社会论坛的组织过程对信息技术的应用。这篇文章对这两届论坛的具体组织过程描述得很详细，值得参考。

★ Christoph Haug，"Democracy in Movements: Analysing Practices of Decision-making within the European Social Forums Process Using the Public Arena Model," Paper prepared for the Cortona Colloquium 2006 on *Cultural Conflicts*，*Social Movements and New Rights: A European Challenge*，held from 20-22 October 2006 in Cortona，Italy. http: //en.fondazionefeltrinelli.it/dm_0/ff/feltrinellicmsportale/0071.pdf，2013 年 2 月 17 日访问。这是一篇学术会议论文，作者使用公共领域模型分析了 2006 年在希腊雅典举行的第四届欧洲社会论坛组织过程的决策实践。文章第四部分对本届论坛的欧洲筹备大会的举行过程和共识达成有较好的描述和分析。

★ World Social Forum Charter of Principles（《世界社会论坛原则宪章》），论坛官网：http: //www.forumsocialmundial.org.br/main.php?id_menu=4&cd_language=2，2013 年 2 月 17 日访问。

★ 由于缺乏技术和资金支持，欧洲社会论坛的官方网站建设没有统一性和连续性，历届论坛的相关信息非常分散，很难集中获得。论坛有一个所谓的官方进程网站：http：//www.fse-esf.org/，但是上面的信息非常有限，而且更新非常慢。此外，几乎历届论坛的举办地组委会都会单独设立一个甚至几个官方网站以方便其组织进程，但是这些网站既彼此缺乏继承联系和信息共享，又往往在本届论坛结束后就不再更新和维护，甚至也不能够再访问。

结　语

从历史上看，政治意义上的民主从来都不仅仅是一种抽象的理念，而是要与具体的治理技术结合起来，而治理技术往往又是在纷繁复杂的民主政治实践中发展起来的。譬如，一说到古希腊雅典的民主，我们马上就会想到公民大会、五百人议事会和公民法庭，就会想到通过抽签产生议事会成员，想到陶片放逐法、出席公民大会可领取津贴……一说到美国的民主，就会想到国会、总统和最高法院，想到竞争性政党政治的一系列技术环节，如候选人提名、筹款、电视辩论、匿名投票，等等。

而 20 世纪 80~90 年代才开始兴起的协商民主作为民主在西方国家的最新发展，同样可以说在理念和技术两个层次上几乎是同步推进的，在某种意义上讲，技术比理念还略微先行一步。从理念上说，主流的协商民主理论主要针对本质上是精英主义的代议制民主及其所体现的政治市场和利益聚合思想展开批判，并提出了以参与、协商、尊重、共识等为核心价值的替代性选择。从技术上说，协商民主已经发展出了公民共识会议、协商式民意调查、公民陪审团、开放空间、愿景工作坊等一系列实践形式，并且在形成议题、组建工作小组、挑选参加者、阅读材料准备、协商技术、协商民主与公众结合及与正式制度安排结合等方面积累了大量的经验素材，摸索出了具有较强可行性的、成套的操作性技术。

就当代协商民主的实践范围而言，从欧美发达国家到东亚新兴国家和地区，乃至我国很多地方（特别是东南沿海地区），都在不同程度上按照现代社会科学的思路引进协商民主实验，试图借此来解决一些受到社会公众强烈关注同时又具有较大的利益、价值或认知冲突的争议性问题。

就其实践形态而言，本书主要把这些协商民主案例分为三种类型：国家正式制度安排内部的协商民主，具有国家与社会两个层面互动性质的协商民主，以及公民社会内部的协商民主。从本书所选取的协商民主案例来看，协商民主作为一种治理技术具有广泛的适应性：往上看，它不仅可以成为国家基本政治制度的有机组成部分，而且可以对基本政治制度本身的改进及对公共政策的改善提供有效的技术方法；往下看，它还可以为一国乃至跨国的公民社会内部问题的自我解决，特别是为一种民主生活方式的养成，提供实用的操作性技术及广阔的想象空间。

细心的读者会发现本书在案例选取上似乎有一个问题：既然从学术观察的角度看，协商民主基本上是始于20世纪80~90年代的一种新兴的民主理论和实践，那么为什么本书在国家内部的协商民主案例中会选取20世纪70年代末航道使用费法案在美国联邦参议院的立法过程，以及20世纪40年代末中国人民政治协商会议对《共同纲领》的制定过程作为两个典型案例呢？这个问题恰好可以引出本书在结语部分希望着重探讨的内容，那就是治理技术意义上的协商民主究竟具有何种应用前景，它在哪些方面有望切实改善我们的民主实践，特别是在当代中国的政治语境下？

　　毋庸置疑，作为民主理论的最新发展和社会科学意义上的实验性实践，协商民主是新生事物，把美国联邦参议院对航道使用费法案的立法过程和中国人民政治协商会议对《共同纲领》的制定过程与协商民主联系起来似乎是犯了时代错置的错误。这种理解从纯粹的学术研究的角度看有一定的道理，但是也只对了一半。这是因为：从协商民主概念的内涵来说，这样一种理解忽视了协商民主核心理念的历史渊源，把过去的民主实践与当代的协商民主实验截然两分，没有看到后者从前者那里汲取了重要的思想资源；从协商民主概念的外延来说，这样一种理解把协商民主过分狭隘地看做某种或某几种特定的实践形态，而忽视了现实政治生活中客观存在着大量具有一定协商民主要素的民主实践，更没有看到后者对于扩展协商民主的实践层次和范围所具有的有利基础。

　　如果说当代协商民主理论的核心主张有如下四点：（1）推崇更佳论据的力量，（2）持不同意见者的相互尊重和理解，（3）鼓励利益相关者直接参与决策，以及（4）尽可能通过共识来达成决策；那么，美国联邦参议院至少从其宪法层次的设计理念上说是严格遵循了前两点，并在一定程度上赞同最后一点的。1788年，美国宪法的起草者之一麦迪逊在向纽约州人民解释参议院的制度安排时说，参议院的一个重要目标是成为一个目光远大、深思熟虑的立法机构。为了确保参议院能够实现高水平的立法协商，美国建国之父们从参议院的规模，参议员的任职资格、选举、任期、独立性、职业化，以及立法程序等方面进行了精心的设计。这些深思熟虑的安排构成了参议院协商民主的基本制度环境。根据这些制度安排，参议院的成员应该由兼具政治美德、智慧和经验的人士组成，他们应尽可能从公共利益的角度出发，摒弃一己私利和党派之见，在由各地代表所汇聚的充分信息的基础上进行深思熟虑的立法考量，用更佳的论据彼此说服，并且认真听取持异议者的不同意见，充分理解其对问题思考的可取之处，最后，共同追求经过慎思明辨之后的立法共识。当然，由于美国制宪者们对大众直接的政治参与一直深怀忧虑，因此如果我们可以把参议院的制度目标描述为协商民主的话，那么它只能是一种精英式的协商民主。它与当代主流协商民主的最大区别就在于上述第三点，即鼓励利益相关者直接参与决策。① 虽然这一点区别不可谓不重大，但是我们同样可以说，它们在其他三点上的联系也绝不可谓等而次之。因此，把美国联邦参议院（至少是其设计理念和部分实践）作为协商民主在国家基本政治制度层面的一个典型案例是不无道理的。它一方面提醒我们，参议院的设计理念及其实践是当代协商民主理论的一个重要思想资源；另一方面也表明协商民主的要素（如说理、尊重、协商、共识）如何可以与国家基本政治制度结合起来。当然，这绝不是说美国联邦参议院已经是协商民主的典范了，而只是说，它有助于我们扩展和深化对协商民主的实践形态的理解。

同样，中国人民政治协商会议对于《共同纲领》的制定过程也可以说包含了精英式协商民主的若干要素，如平等、尊重、协商、共识，并表明协商民主即使在立宪层次上也可以发挥重要的作用。需要再次强调的是，我们绝没有把政协的民主协商简单等同于协商民主。正如很多学者指出的那样，政协的协商与协商民主的协商在英文的表述上就是不一样的，前者是 consultation，含义是咨询和磋商；后者是 deliberation，含义是深思熟虑和慎思明辨。两者更重要的区别在于，政协的民主协商是一种统一战线的

---

① 参见霍伟岸《美国联邦参议院的协商民主及其实践困境》，《学海》2014 年第 2 期。

原则和工作方法，而协商民主则是具有现代社会科学方法论特征的民主理论和实践。虽然说，近几年来协商民主的理论与实践在中国掀起了一股热潮，甚至被写进了党的十八大报告，这背后有政界和学界的有关人士策略性地把政协的民主协商与舶来的协商民主混为一谈的因素，但是，这两者能够被混为一谈而不至于让人感到过分荒谬，至少也说明两者具有一定的相通之处。本书就力图通过对政协制定《共同纲领》的过程的再诠释来揭示这一点。而且，这种相通之处更重要的价值在于，它提醒我们，协商民主的一些核心要素如何可以通过"嵌入"与之具有一定亲和力的、中国既有的政治制度传统而获得新的发展空间。众所周知，带有现代社会科学方法论印记的协商民主实验在中国已经有过不少实践，并且发展出了多种类型的协商民主形式，如公民评议会、城市居民议事会、民主恳谈会、乡村村民代表会议、各种听证会等。但是值得注意的是，这些实践几乎都局限于基层，无论是其直接的影响力还是其政治意义都是比较有限的。而政协制定《共同纲领》的案例表明，当代中国的政治传统完全可以对接协商民主的某些要素，并在此基础上提升协商民主在中国政治生活中的适用层次，从而强化协商民主对中国政治转型和政治发展的意义。

　　有鉴于此，如果让我们展望协商民主在当代中国的发展前景，那么恐怕"嵌入式发展"是一条可被看好的路径。所谓嵌入式发展，指的是协商民主作为一种外来的、异质的民主理念和实践形式，如果要想较为顺利地融入中国的主流政治生活，就必须在现有的政治思想传统和政治权力结构中找到容易对接的嵌入点，当嵌入过程完成后，协商民主就有可能激活既有体制的某些潜在的、仍处于沉睡状态的功能，从而推动协商民主的核心理念在中国的政治实践中找到适当的实现形式，进而带动整个政治体制的民主化发展。这就是我们为什么要强调无论是 20 世纪 40 年代末政协制定《共同纲领》，还是 21 世纪初广州市委、广东省委出台《政治协商规程》，其中都包含了协商民主的要素，因为这些要素恰恰就是协商民主要想在中国获得实质性发展所需要的嵌入点。既有体制中存在的这些协商民主要素既为协商民主解决了合法性问题，又为它赢得了正式体制的支持。[①] 当嵌入过程完成后，协商民主的科学程序和方法才有可能对既有决策机制产生潜移默化的影响，用这种方法所蕴含的民主价值来推动政治文化的更新。

基于中国的政治现实，这种嵌入式发展在不同的实践层次上会有不同的实现路径。我们还是按照国家层面、国家与社会互动层面和公民社会层面来分别略加讨论。

在国家层面上，显而易见，中国人民政治协商会议的各级组织构成了协商民主在体制内的基本生存空间，也是其嵌入式发展最有可能取得突破性进展的地方。结合广州市委和广东省委《政治协商规程》的出台，我们可以看到，凭借党的文件的准法律效力，政治协商对于政府决策而言正在从"可以协商"向"必须协商"转变，而且这种"必须协商"同时也是"必须按照相应程序协商"，协商民主的科学程序要求在一定程度上得到了实现。当然，要让这种程序性要求完全按照社会科学的理想标准来加以设定是脱离国情的。而且，由于协商民主需要一定的操作成本（人力、物力、时间等），如果事无巨细一律加以应用，也会影响政府决策的效率，所以，"必须协商"的对象一般应当是具有较为重大社会影响同时又较有争议的决策。因此，一方面由于协商民主自身的局限性，另一方面由于既有体制的约束，协商民主在中国国

---

① 参见谈火生：《协商民主》，载景跃进、张小劲、余逊达主编《理解中国政治——关键词的方法》，中国社会科学出版社，2012，第 83~100 页。

家层面上的嵌入式发展是有所限定的和渐进式的发展。虽然协商民主不能代替，也不应该代替选举民主，但是在当代中国的政治环境下，逐步激活和强化政协的协商民主要素，仍不失为推进民主化进程的一条现实可行且富有改革意义的路径。按照这个思路，中共中央应当研究，在目前已经在十几个省市分别制定的《政治协商规程》的基础上推出全国统一的《政治协商规程》，甚至考虑以立法的形式进一步强化政治协商的制度化和程序化。

值得注意的是，中国共产党十八届三中全会通过的《中共中央关于全面深化改革若干重大问题的决定》（以下简称《决定》）已经明确提出："推进协商民主广泛多层制度化发展。……重点推进政治协商、民主监督、参政议政制度化、规范化、程序化。"其中关于制订协商年度工作计划，制定规范协商内容、协商程序等要求，可以说是在广东省及其他省市已经出台的《政治协商规程》的基础上的进一步提炼和升华。"制度化"是《决定》关于协商民主的几段重要表述的关键词。制度化必然要求程序化和技术化，必然要求明确协商主体、协商内容、协商议题性质、协商形式、协商程序。根据《决定》，作为社会主义民主政治特色的中国式协商民主的主体是国家政权机关、政协组织、党派团体、基层组织和社会组织；协商内容是立法协商、行政协商、民主协商、参政协商和社会协商，覆盖面极其广泛；协商议题的基本性质是"经济社会发展重大问题和涉及群众切身利益的实际问题"；协商形式有协商会、谈心会、座谈会等，具体来说包括专题协商、对口协商、界别协商、提案办理协商；协商程序是"坚持协商于决策之前和决策实施之中"。虽然《决定》的有关表述是高度纲领性的，但是内容十分全面，表明中共中央关于广泛深入推进协商民主的顶层设计是经过实践调研和深思熟虑的，既突出了中国特色的政治协商传统，又在其制度化发展的指导思想中体现了一定的现代社会科学意义上的协商民主精神。一个例证是《决定》把加强新型智库建设和建立健全决策咨询制度这两项要求作为构建"程序合理、环节完整的协商民主体系"的题中应有之义。这表明，在中共中央对协商民主的理解中，提高决策质量是协商民主的一个重要目标，这一点与当代西方的协商民主理论是完全一致的。另一个例证是，《决定》把妥善处理民族关系的议题列为协商民主可以发挥重要作用的领域之一。民族问题，或者在更广泛的意义上说，族群认同问题，是世界很多国家面临的重大而紧迫的难题。协商民主对解决这一问题是一个较新的思路，但不乏富有启发性的经验，美国、加拿大和我国台湾地区都曾经通过协商民主的实验为解决各自的族群认同问题进行了有益的探索，实践表明，协商民主在这个方面极富潜力。在我国的政治经验中，民族问题一直是统一战线的工作目标。我们相信，如果协商民主的技术能够与统一战线的工作方法有机结合起来，一定能够为更好地处理我国的民族关系问题作出实质性的贡献。

政协的协商民主要素一旦作为政治创新而被体制容纳并得到鼓励，其内在的对协商主体的审议能力的要求就会促进政协不断提高其协商和审议的水平，同时也有助于间接推动人大的审议能力的改善。此外，自创立之日起，政协的基本性质一直是一个精英式的代表机构。按照协商民主的要求，政协还应积极创造条件和探索方法，使范围更加广大的民众代表（不是选举意义上的代表，而是抽样意义上的代表），特别是来自基层的非精英群体的代表，能够通过政协提供的渠道来表达意见和影响决策。不过，政协毕竟属于国家正式制度安排的有机组成部分，普通民众如果想要通过政协发出自己的声音，恐怕更加适当的途径是通过国家与社会互动层面上的协商民主实践来实现。

在国家与社会互动层面上，无论是国外还是国内的协商民主实验都为我们提供了丰富的案例和有益的启示。本书在这方面选取的三个案例分别是以选举制度改革为核心内容的加拿大不列颠哥伦比亚省公民会议、我国台湾地区所举办的首次公民会议——全民健保公民会议，以及广东惠州的外嫁女权益民主协商恳谈会。选举制度改革是政治领域的重大课题，而全民健保政策则是民生领域最受瞩目的焦点，前者属于基本制度，后者属于公共政策。它们共同的特点是影响面广（涉及全民），利益相关者的利益分化严重（不同选民群体出于政治利益考虑而青睐不同的选举制度，穷人和富人因对健保给付范围和保费负担比例的需求和承受能力不同而偏好不同的健保改革措施），社会争议度大，如不能妥当处理，则容易进一步激化矛盾冲突，甚至导致社会分裂。面对着如此棘手的难题，这两次公民会议的协商民主实验都为问题的解决提供了富于启发性的方案。虽然加拿大不列颠哥伦比亚省公民会议所提议的选举制度改革方案最终没有能够得到全民公投的认可，虽然"台湾先驱性全民健保公民会议"曾被有的评论者讥讽为是为当局既定的改革方案作"背书"，但实际上，这两次公民会议不仅为相关问题的解决提供了具体的有价值的方案，而且更重要的是，它们为我们解决类似的重大而有争议的政策问题提供了一种公民直接参与的新思路和新模式。公民参与不仅显著提升了决策的合法性，而且由于参与者的多元视角和他们所带来的丰富信息，也为改善决策质量准备了基础。从世界范围来看，协商民主在国家与社会互动层面上所进行的探索不仅数量最多，而且迄今为止效果也最为显著。中国大陆地区也不例外。我们在典型案例中没有收入像浙江温岭的协商民主恳谈会这样的案例，主要是因为相关的讨论已经非常多了，读者可以很容易从其他讨论中国协商民主的书和文章中找到。但是，这绝不意味着温岭等地的实验没有典型意义。事实上，包括温岭在内的中国很多地方的协商民主实验都提示我们，让基层民众以民主恳谈会等方式直接参与地方重要政策的决策过程至少在治理层次上提高了民主化水平，有助于政策的质量、正当性和民众接受度的提高。在一定时期内，当国家层面的协商民主尚未取得实质性进展之前，首先通过国家与社会互动层面的协商民主实验来普及协商民主的理念和价值，让政府官员和民众直接感受协商民主在解决实际问题上的有效性和相对于传统方法的比较优势，应该是一种合理稳健的发展思路。

广东惠州的外嫁女权益民主协商恳谈会所针对的则是具体的社会冲突，广东惠州外嫁女上访问题通过协商民主的方式得以妥善解决，表明协商民主不仅可以成为政府治理的工具，而且可以成为基层社会独立解决自身问题的有效方法。这对处于巨大稳定压力之下的当今中国具有非常重大的意义。在学习和应用协商民主的过程中，公民社会既提高了自我组织和自我治理的能力，又受到了平等、尊重、协商、共识等民主文化的熏陶，这对于中国民主化战略的意义也是不言而喻的。

当然，就中国大陆地区已有的协商民主实验来看，国家与社会互动层次上的协商民主实践仍然基本没有越出乡、镇、村和街道等基层层级，这个局限性有待在各方面条件逐渐成熟后予以突破，以期不断提升协商民主的应用层次。从加拿大和中国台湾地区的案例来看，协商民主通过强化国家正式机构与社会公众的互动，至少对解决省一级行政区范围内的重大政治和社会决策问题都具有相当巨大的潜力。让基层以上的政府决策者能够建立起对作为一种治理技术的协商民主的充分信心，是决定协商民主在嵌入当代中国政治传统后能否继续实现创新和扩散效应的一个关键环节。

最后，在公民社会层面上，本书所选取的案例——欧洲社会论坛——则显示了协商民主在公民社会内部可以具有的潜能。欧洲社会论坛这个案例所讨论的主题非常广泛，从抽象的人权、关于欧洲未来发展的构想，到具体的公共政策均有涉及。其特点不仅在于它是公民社会自组织的公共平台，而且在于它是在超国家的层次上有效运作的，这更是彰显了协商民主的理念对构建超国家范围的理想社会蓝图所具有的启发性和创造力。欧洲社会论坛的组织过程和正式活动都体现了协商民主的工作方法。为了实现构建一个更为民主的欧洲的愿景，欧洲社会论坛主要通过批评现实、理论建设、政治行动及在公民社会和团体生活中实践协商民主四种方式来影响和改变外部世界。按照哈贝马斯的分析，从规范民主的角度来讲，只有外部动议模式才是真正民主的决策模式，也就是说，政治创议的力量应该位于政治系统之外的边缘，借助被动员起来的公共领域——也就是公共舆论的压力——迫使正式的政治制度对议题作出回应。整个民主决策模式是一种从公共舆论到正式立法过程的制度模式，发端于弱公共领域的沟通之流，经过提炼成为公共舆论束，这些舆论束再被转移到强公共领域中，经过审议和讨价还价，变成正式的决策。这种理想的民主决策模式的前提是，公民社会本身必须具备相应的能力："不仅必须察觉并辨识问题，而且要令人信服、富有影响地将其主题化，变成公共讨论的议题，并提供各种可能的解决方案，通过营造声势，迫使议会组织接过这些问题并予以处理。"① 欧洲社会论坛的实践表明，公民社会

---

① 哈贝马斯:《在事实与规范之间》，童世骏译，三联书店，2003，第 445 页。

确实是具备这种潜能的。

随着中国改革的进一步推进，国家逐步简政放权，从过去干预过多的社会领域中退出，公民社会实现广泛的自我组织和自我治理，乃是大势所趋。在这个大背景下，协商民主对中国建设一个文明有序的现代公民社会提供了切实的思路和方法。毕竟，作为现代政治的核心价值，民主不应当只体现在政治制度层面上，而且也应当成为一种社会生活的状态和公民普遍信奉的价值观。

关键词索引

23，25，26，29，79，137，149，
245，254

民主 1，3~35，38~41，43~46，
49~55，57，58，60，61，64，
67，68，71，72，78，80，
82~84，86~90，92，95~100，
102，103，105，108~115，117，
119~137，139~144，146，147，
149，150，155，157，160，
162，164，166~169，171，172，
174~176，178，182，188，189，
193~195，199，204，206，208，
209，211~216，218，220，222，
224~231，233~237，239~249，
251~262

投票 5~11，13~17，32，111，
113，154，157，159，163~165，
168，173，175，178，182~184，
186~189，208，219，234，240，
251

对话 5，6，10，17，26，36，41，
66，103，141，186，189，197，
207，208，226，227，240，243

偏好 10，14~16，19，20，35，
39，40，41，78，99，104，181，
183，184，247，259

理性 7，9，11，13~17，19，20，
26，28，37，39，40，58，62，
86，89，103，127，128，135，
137，149，150，152，157，158，
163，167~168，178，185，189，
193，194，196，198，199，
206~208，227~230，247

协商性民意调查 16

愿景工作坊 26，28，30，31，
36~41，44，46~50，57，58，
67，68，72，105，193，251

公共利益 15~17，86，127，141，
156，157，229，253

代表 7~8，12，17，19，23，32，
34，37，39，43~44，54~55，
57~59，60~62，78，86~87，96，
100，105~109，111，113，120，
122~126，129~130，132~136，
139，142~143，152，155~159，
163，171，173，175~184，
186~189，193~195，198~199，
202，204，209，212，216，
218~220，222，224，234，
235~236，241，243，246~247，
253，255，258

程序 19~20，25，33，41~51，

重要人名索引

本书写作分工

谈火生：前言，第一、二、三、六章
霍伟岸：第四、五、七、九章，结语
何包钢：第八章

第四、五、七、九章和结语的写作得到了作者主持的国家
社会科学基金青年项目"现代西方民主的思想史研究"
（项目号：12CZZ011）的支持，特此致谢。

图书在版编目(CIP)数据

协商民主的技术 / 谈火生，霍伟岸，何包钢著. —北京：
社会科学文献出版社，2014.11
（现代政治治理技术丛书）
ISBN 978-7-5097-6137-3

Ⅰ. ①协… Ⅱ. ①谈… ②霍… ③何… Ⅲ. ①民主协商-
研究-中国 Ⅳ. ①D62

中国版本图书馆CIP数据核字（2014）第126500号

·现代政治治理技术丛书·
协商民主的技术

著　者 / 谈火生　霍伟岸　何包钢

出 版 人 / 谢寿光
项目统筹 / 王　绯　李　响
责任编辑 / 李　响

出　　版 / 社会科学文献出版社·社会政法分社（010）59367156
　　　　　　地址：北京市北三环中路甲29号院华龙大厦　邮编：100029
　　　　　　网址：www.ssap.com.cn
发　　行 / 市场营销中心（010）59367081　59367090
　　　　　　读者服务中心（010）59367028
印　　装 / 三河市尚艺印装有限公司

规　　格 / 开　本：787mm×1092mm　1/20
　　　　　　印　张：14.4　字　数：212千字
版　　次 / 2014年11月第1版　2014年11月第1次印刷
书　　号 / ISBN 978-7-5097-6137-3
定　　价 / 58.00元